Dirceu Braz

Benny
Der tut nix

Die ultimative satirische Hundegeschichte

Copyright 2015 by Dirceu Braz, 68309 Mannheim

Books on Demand

Impressum

Dieses Werk ist urheberrechtlich geschützt. Alle Rechte vorbehalten.
Jede Wiedergabe, Vervielfältigung und Verbreitung auch von Teilen
des Werks oder von Abbildungen, jede Übersetzung, jeder auszugsweise
Nachdruck, jede Mikroverfilmung sowie Einspeicherung und Verarbeitung
in elektronischen und multimedialen Systemen bedarf der ausdrücklichen
Genehmigung des Autors.

Kontakt zum Autor:
braz-trompete@hotmail.com
www.dirceu-braz.org
www.dirceu-braz.com

1. Auflage 2015

Cover-Bild: Dirceu Braz
Lektorat: Magdalena Ringeling
Fotografie: Michelle Braz
Fotografie-Assistent: Niklas Materia
Alle Gemälde im Buch: © Dirceu Braz
Cover-Gestaltung, Layout und Satz:
Nils Hoffmann, Schwäbisch Gmünd
www.nils-hoffmann-design.de

Fotos auf Umschlag-Rückseite und Seite 3:
Magdalena Ringeling

Herstellung, Druck und Verlag:
Books on Demand, Norderstedt
Printed in Germany

ISBN 9783734776748

Der Autor

Dirceu Braz, geboren am 10. November 1950 in Sao Paulo, Brasilien, stammt aus einer sehr einfachen Familie. Sein Drang nach Bildung und der Wunsch, eines Tages in Europa leben zu können, um sein Musikstudium fortzusetzen, führte ihn im Jahr 1973 nach Deutschland, wo er zuerst an der Musikhochschule Stuttgart studierte, und später in der Schweiz. Dort setzte er sein Studium am Züricher Konservatorium fort. Danach kam der junge Brasilianer zurück nach Deutschland und war 12 Jahre lang in Heidelberg als Dozent für das Fach Trompete tätig. Während dieser Zeit in Heidelberg ergab sich eine internationale Karriere als Trompetensolist, in der über 10 Tonträger entstanden sind. Dirceu Braz verfolgte seinen Traum, sich nicht nur als Musiker, sondern auch als Buchautor und Maler durchzusetzen, was ihm auch gelungen ist.

Das vorliegende Buch "Benny – Der tut nix" ist das sechste Werk, das in kürzester Zeit von ihm auf den Markt erschienen ist. Dennoch warten dutzende Bücher, die sich teils noch als Manuskripte im Regal befinden, gespannt darauf, publiziert zu werden, darunter viele Romane, Gedichte und Erzählungen, die entweder in seiner Muttersprache Portugiesisch oder auf Deutsch verfasst wurden.

I Introduktion

Wer hat das noch nie erlebt? Wenn man in der Stadt oder im Wald joggt, kommt ein böser Hund und läuft einem nach, bis der Besitzer ihn ruft, dann hört man immer das Gleiche: "Der tut nix".
Manchmal sind es riesige Hunde, die nur darauf warten, ihr Maul aufzureißen, um einen als Abendessen zu verspeisen, und man soll doch glauben, dass die Bestie „nix tut". Benny, der Erzähler dieser Geschichte, gleichzeitig die Hauptperson, ist wirklich ein braver Hund, der nichts tut außer zu schlafen, spazieren zu gehen und manchmal ein Huhn ins Paradies zu schicken, nur, weil er es nicht leiden kann, wenn der Zweibeiner zu laut singt und er schlafen will. Ansonsten ist der Berner Sennenhund Benny ganz in Ordnung. Er tut wirklich keinem etwas. Der Briefträger hat Angst vor ihm und unser Gärtner sowieso, mit den Wildschweinen in unserem Wald oder mit den wilden Bullen hat er sich schon oft angelegt, aber sonst ist er so lieb wie ein Engel und so zart wie ein störrisches Schwein. Benny ist der beste Zecken-Transporteur der Welt. Wenn er nachhause kommt, müssen wir Dutzende von Zecken entfernen! Das zeigt ihm noch einmal, wie er geliebt wird. Alle wollen bei ihm sein. Ja, der tut wirklich NIX!!! Aber wir würden nicht unbedingt jemandem raten ihn zu ärgern. Wir sollten nicht unbedingt seine Schnauze anfassen oder ihn am Schwanz ziehen. Das kann er nicht leiden. Achtung! Es könnte gefährlich werden. Könnte!!! Sonst tut er nichts. Eigentlich sollte er als Mensch auf die Welt kommen. Aber weil er nicht sehr brav war, hat Gott sich im letzten Moment entschlossen, ihn als Hund zu uns kommen zu lassen. Und so genießt er seitdem sein Leben als Hund und als der "Beste Bodyguard" der Welt, bei Tante Tina.

Gewidmet unserem verehrten Freund
José Carlos Amaral Vieira
Komponist und Konzert-Pianist,
in Dankbarkeit und ewiger
Verehrung

*Für Elke
von
Dirceu BRAZ

Um forte abraço
Broz
29.3.2015
Mannheim*

Inhalt

I	Introduktion	4
II	Herkules im Paradies	7
III	Sex im Mondschein	11
IV	Bennys Pfoten	20
V	Freitag der 13.	21
VI	Freiheit	34
VII	Benny, der Straßenmusikantenhund	35
VIII	Hundepension	49
IX	Alte Knochen	70
X	Sonntag im Zoo	73
XI	Ein Verbrecher im Garten	85
XII	Straßenhunde	91
XIII	Udo Lindenberg	94
XIV	Pablo aus Argentinien	108
XV	Benny in der Disco	113
XVI	Wenn die Jahre des Lebens uns quälen ...	135
XVII	Gebet eines Hundes ...	145
XVIII	Tante Tina und der Offizier	147
XIX	Der Jakobsweg	155
XX	Epilog - Tante Tina meldet sich zu Wort	163
XXI	Schlusswort	165

II *Herkules im Paradies*

Der Tod ist ein Teil des Lebens und wenn er kommt, ist es Zeit für Stille. Für den einen geht das Leben weiter, für den anderen ist die Endstation angesagt.
An einem sehr regnerischen Tag, bei uns im Wald, ist der Tod in unser Leben getreten. Unser Benny wollte schon einen Tag vorher nichts mehr fressen, was sehr viel aussagte. Denn, was Benny wirklich richtig machen kann, das ist eben schlafen und fressen, fressen und schlafen. Wir haben schon immer gesagt: "Der ist auf die Welt gekommen, um Politiker zu sein. Sozusagen, der geborene Politiker! Fressen, Schlafen, Spaziergänge und das Leben genießen".
Unsere Tochter war in der Schule, als per Telefon die traurige Nachricht kam, dass Herkules nicht mehr unter uns sei. Das schöne und brave Pferd Herkules war tot! Die Tierärztin erzählte mir am Telefon, dass Herkules unsere Welt mit sehr viel Schmerzen und Leiden verlassen habe. Sie hatte das Leid des Tieres nicht mehr ertragen können und es eingeschläfert. Wir hatten schon schriftlich das Einverständnis dafür erteilt, dass sie dies tun dürfte, wenn es soweit und notwendig wäre. Und jetzt war es soweit gekommen!
Blitzschnell kamen mir all die schönen Augenblicke in den Sinn, die wir mit Herkules erlebt hatten: Die vielen Waldspaziergänge! Wie oft sind wir bei Mondschein bis Mitternacht im Wald geblieben? Herkules und Benny haben immer auf uns aufgepasst. Sie konnten das kleinste Geräusch auf hundert Meter Entfernung wahrnehmen!
Schon einige Minuten, bevor die Tierärztin anrief, war Benny ganz durchgedreht. Er lief völlig unruhig in der Wohnung umher, was bei ihm sehr selten vorkam und begann so laut zu heulen, dass ich ihn draußen lassen musste. In un-

serem schönen Garten machte er einen Krach wie noch nie! Als ob wir uns einen wilden Wolf für zuhause angeschafft hätten. Dann war mir klar: Er hatte schon im Voraus gespürt, dass sein lieber Freund Herkules zum Himmel gefahren war. Ich konnte ihn nicht mehr beruhigen und wusste nicht genau, was ich machen sollte. So etwas war bei ihm noch nie vorgekommen. Er konnte mir nicht mehr gehorchen! Er war total außer sich. Das war der Schmerz, seinen besten Freund zu verlieren. Ein Tier ist etwas Besonderes. Tiere können nicht denken wie wir. Aber sie spüren, was in der Ferne geschieht. Herkules war tot! Das brave Pferd meiner Tochter hatte aufgehört zu atmen. Sein Herz schlug nicht mehr und nie mehr würden wir seinen schönen Galopp und seine feinen Schritte sehen dürfen. Kaum hatte ich das Telefon aufgelegt, kam unsere Tochter von der Schule nachhause. Es ging ihr nicht gut! Kinder spüren auch vieles, was die Erwachsenen schon verlernt haben. Ich konnte meine Traurigkeit und meinen Kummer nicht verstecken. Sie merkte sofort, dass ich Tränen in den Augen hatte und fragte:

„Mama ..., ist Herkules gestorben?"

Nur mühsam konnte ich selbst die Worte sprechen. Ich konnte nur meine liebe Tochter sehr fest in die Arme nehmen und tränenüberströmt gab ich ihr die Antwort:

„Ja, meine liebe Eva, Herkules ist tot! Unser lieber Herkules ist nicht mehr unter uns. Er ist vor ein paar Minuten zum Himmel gefahren."

Minutenlang standen wir da, umarmten uns. Tränen flossen über unsere Wangen und keiner konnte etwas sagen. Es war einfach unfassbar, dass Herkules nicht mehr da war.

Ich hatte etwas sehr Gutes gekocht, nun hatte keiner von uns mehr Hunger. Nicht einmal Benny, der alte Fresser. Nicht ein einziges Mal wollte er an dem Tag fressen! Er lag nur

auf seiner Decke und schlief plötzlich wie ein Engel. Für ihn war klar: Der Tod schließt das Leben ab und bedeutet ein Ende für alle, die uns verlassen haben. Dann gibt es nichts mehr außer der Ewigkeit und Stille. Einfach Endstation! Der Zug des Lebens fährt nicht mehr.
Bei uns war drei Tage lang eine außergewöhnliche Ruhe eingetreten. Wir redeten kaum miteinander. Ich konnte mich auf meine täglichen Übungen am Klavier und mein Psychologie-Studium nicht mehr konzentrieren. Überall sah ich nur Herkules. Plötzlich hörte ich die Stimme von Eva, die mir etwas Schönes sagte, was mir in den Alltag zurück half. Sie sagte:
„Mama, Herkules geht es gut! Er ist jetzt im Himmel, unter vielen anderen schönen Pferden. Er hat das Paradies verdient und da ist er jetzt gut aufgehoben. Wir sollten nicht mehr um ihn trauern. Es ist gut so, Mama! Alles geht weiter. Herkules wird immer in unseren Herzen leben. Wir müssen ihn vergessen, damit er uns vergessen und sein ewiges Leben bei Gott führen kann. Alles wird gut, Mama, ganz bestimmt."
Das zu hören gab mir sehr viel Kraft. Manchmal müssen wir etwas Wertvolles verlieren, um zu merken, dass es noch viele wertvolle Dinge im Leben gibt. Manchmal müssen wir loslassen, um wahrzunehmen, dass eines Tages alles zu Ende geht, auch unser eigenes Leben. Irgendwann schließt sich der Kreis des Lebens und wir drehen uns in diesem Kreis für die Ewigkeit, ohne Rückfahrkarte!
„Leb wohl Herkules! Wir werden dich für immer und immer lieb behalten".

„Benny in Love"   Acryl 40x50 cm   © D. Braz

III *Sex im Mondschein*

„Was kann ein Hund wie ich schon erzählen?", fragt Benny. Ich war nicht in der Schule, ich habe nicht Lesen und Schreiben gelernt, was ich kann, können alle anderen Hunde und Männer auch. Eben! Sie wissen schon, was ich meine. Aber ich möchte gern eine Geschichte erzählen, von einer süßen Hündin und einem Boxer-Freund, die bei uns wohnten. Damals war ich noch zu klein, um mich für Frauen zu interessieren. Ich muss dazu sagen, dieses Gefühl, was die Menschen Pubertät nennen, kam bei mir sehr spät, so spät dass meine Besitzer dachten, ich sei vielleicht schwul. Aber eines Tages habe ich bemerkt, dass irgendwas mit mir nicht mehr stimmte. Was bei mir sehr passiv und klein war, was ich eigentlich nur zum Pinkeln benutzt hatte, nahm auf einmal eine große Dimension an und blieb so steif wie ein Blindenstock und ich konnte keine Hündin mehr normal vor mir sehen. Jede Hündin hinter mir hatte plötzlich mein Interesse geweckt. Nun, was macht so ein Bursche wie ich, wenn er plötzlich in die Pubertät kommt, nichts damit anfangen kann und auch nicht weiß, was das zu bedeuten hat? Was macht ein Bube wie ich, der in bester Form ist, der tausend hübsche Hündinnen so glücklich machen könnte, aber das noch nicht darf? Was machen wir, wenn alle hübschen Hündinnen den ganzen Tag an der Leine geführt werden und wir als „Geiler-Bock" Abstand halten müssen? Ja, solch ein armer Hund wie ich hat keine Chance, eine von diesen schönen Ladys unter die Decke zu bringen. Bei den Menschen ist das anders, die nehmen schon diese Dinge, die Kondom heißen und dann geht schon die Post ab, oder die befriedigen sich selbst. Aber wir Hunde leben in dieser Hinsicht wirklich ein Hundeleben. Und so war das.

Unsere Nachbarin hatte eine süße Hündin, ganz weiß. Sie sah für mich aus wie Lady Di. Ich habe die Prinzessin persönlich nie gesehen, aber man muss nicht allzu intellektuell sein, um zu wissen wer Lady Di war. Ich meine die Frau vom Froschkönig und dass sie sehr geil aussah. Leider starb die zukünftige Königin zu früh. Gern hätte ich sie auch mal vernascht. Meine Nachbarin sah so hübsch aus wie Lady Di. Deswegen haben meine Freunde und ich sie Lady Di genannt. Sie hörte das nicht gern und zeigte oft ihre strahlend weißen Zähne, um uns Angst zu machen und zu imponieren. Aber wir haben nur darüber gelacht. Eines Tages habe ich mein Interesse für sie entdeckt, irgendetwas war in der Luft, so dass ich nicht mehr schlafen konnte. Mein Ding war so steif, dass ich mich kaum hinlegen konnte und meine Gedanken waren nur bei Lady Di. Vom Nachbarhaus kam ein Frauengeruch, der mich verrückt machte. Ich kann das nicht beschreiben, aber dieses Gefühl und die Bedürfnisse hatte ich bis zu dieser Zeit nie gekannt. Was macht ein armer Junge wie ich in diesem Fall, wenn sein Herz explodiert und Sex angesagt ist? - Eben, der macht gar nichts und kann auch gar nichts machen, weil alles verboten ist! Natürlich musste ich jemanden suchen, um Ratschläge einzuholen. Nichts war besser als den Boxer Brutto zu fragen, er schien mir genug Erfahrung zu haben. Und so erzählte ich ihm, was mit mir los war.
"Brutto, ich kann nicht mehr schlafen und irgendetwas ist mit mir nicht mehr in Ordnung. Was soll ich tun?"
„Ja, mein Freund, du kommst in die Pubertät, alles ist anders und alles ist beschissen".
„Warum denn?"
„Weil du Sex brauchst und Sex ist verboten."
„Und warum sollte Sex verboten sein?"
„Ja. Du hast Recht. Warum?"

„Das ist zu hoch für mich. Ich habe einen Schraubenzieher in der Tasche und kann kein Loch damit bohren. So ist das!"
„Mein Gott, Benny, wenn Sex verboten ist, was ist schon in diesem Leben erlaubt? Das ist wirklich ein Jammer, bald werde ich so alt sein, dass ich keinen Sex mehr brauche, und warum? Nur weil die Menschen jedes hübsche Mädchen aus der Nachbarschaft schnappen und an die Leine nehmen. Kaum ist eine von denen heiß, dann schnappen sie die schon vor unserer Nase weg. Mein Gott Benny, was für ein Scheißleben führen wir. Aber bei den Menschen geht Sex ohne Grenzen.. Ja ... und wenn alles nicht mehr läuft, bestellt man Viagra. Dann ab nach Mallorca, Thailand oder zu den Philippinen, da bekommen sie wieder Lust und genug zu tun. Wir armen Hunde müssen zufrieden sein mit Sex aus dem Neckermann-Katalog, das ist wie Sex per Internet, das ist eine reine Peep-Show! Oder? Aber nicht mal Internet haben wir, armes Hundeleben, sage ich dir Benny. Das ist eine Unverschämtheit, was die mit uns treiben. Eines Tages bin ich abgehauen. Ich dachte mir: Egal was passiert, heute Nacht muss eine hübsche Hündin meinen Weg kreuzen. Ich habe mit meinen starken Zähnen die Zäune abgerissen und bin fröhlich einem bestimmten Geruch nachgegangen. Nicht weit weg von uns wohnte diese Dyda."
„Klar, die kenne ich, die ist sehr hübsch."
„Klar ist sie sehr hübsch, aber sie ist schon eine Oma."
„Was???," fragte ich entsetzt. „Aber sie hat eine Schwester, oder?"
„Ja, das weiß ich noch, die sind umgezogen."
„Schade drum. Ich hätte ihr auch gern mal was mit meinen 100-PS-Stock verpasst."
Als ich das sagte, machte mein Freund Brutto sich vor lauter Lachen fast in die Hose. Hunde lachen auch und zeigen gern ihre schönen Zähne.

„Ja, Brutto, erzähl mir etwas von deinem Leben. Du hast den Zaun kaputt gemacht und eine hübsche Blondine an Land geholt?"

„Und wie! Ich habe die Zäune unserer Nachbarin auch mit meinen eigenen Zähnen durchbrochen und so gingen wir durch die Nacht, sie wollte es nicht, aber ich habe sie davon überzeugen können. Dyda ging vorn und ich hinterher, wir haben uns im Wald verlaufen, bis plötzlich ein paar wilde Ochsen hinter uns herkamen. Da bin ich fast vor Angst gestorben. Dyda war nicht schnell genug, diese blöden Bullen haben uns fast erwischt, ich konnte sie doch noch retten. Aber das war gut so, weil meine hübsche Begleiterin mich danach als ihren Helden betrachtete, ja, ich war der Held des Tages, ich hatte ihr Leben gerettet. Es war wunderschön, die Nacht war sehr hell, mit Vollmond, ich konnte Ihr schneeweißes Fell sehen und die kleinen dunklen Augen auch. Ja, Benny, plötzlich war ich verliebt wie ein blöder Ochse. Wir waren, nachdem die wilden Bullen uns verfolgt hatten, sehr müde und total geschafft. Wir hatten unser Leben gerettet, indem wir durch ein Zaunloch liefen, nur war dieser blöde Zaun unter Strom und als ich schnell darunter durchging, erwischte dieser elektrische Schlag voll meinen Arsch. Ich musste bellen und schreien wie ein Schwein am Spieß. Zum Glück hatte es bei mir nichts anderes erwischt, sonst wäre ich für immer Jungfrau geblieben. Aber wir konnten uns retten. Dann lagen wir da, ganz allein im Vollmond. Ich war fix und fertig und auch verliebt, bis zum Hals verliebt, sage ich dir Benny, und sie auch. Wir haben nebeneinander geschlafen, bis eine Eule uns weckte. Mit der Eule ist auch was bei mir geweckt worden. Da ich ihr Held war, hatte ich plötzlich gute Karten bei ihr. Wir haben angefangen zu schmusen und es dauerte nicht lange. Sie stand unten und ich oben und wir liebten uns wie im Kino.

Kumpel, das war toll ... Der Spaß ging sehr schnell zu Ende, in meinen Ohren klang laut und deutlich "Halleluja, Sex ist das Geilste was es gibt", das sage ich dir Benny. Ja mein Junge, wie du weißt, alles was gut ist, dauert nicht zu lange, unser Liebesabenteuer war zu kurz um wahr zu sein. Dann plötzlich, kurz danach, hörten wir Stimmen, das waren unsere blöden Besitzer. Ich wollte abhauen, weit weggehen. Wir hätten woanders ein neues Leben anfangen können. Aber Frauen wollen immer auf Nummer sicher gehen und so lange hielt diese Geschichte nicht an."
„Was soll aus unseren Kindern werden? Nein, bleiben wir hier, da zuhause, bei dem, da habe ich eine bestimmte Sicherheit, ich habe mein Futter, unsere Familie, wir können nicht einfach alles weggeben".
„Du weiß schon Benny, was ich meine, immer das gleiche Frauengeplapper, das jeder Mann irgendwann hören muss. Familie, Haus, Sicherheit, Lebensversicherung, Angst vor der Arbeitslosigkeit. Ich hatte es mir gedacht. Halt Baby, kaum haben wir zusammen geschlafen und du denkst schon an Kinder usw. Machen wir langsam, ich bin noch zu jung um mich festzulegen. Dann fing sie an zu weinen und sagte:
„Ja, alle Männer sind gleich, die wollen nur ein bisschen Spaß haben, dann werfen sie uns in die Ecke, wie einen gebrauchten Lappen."
„Ja, Benny, einmal ein bisschen Spaß haben, dann werden wir Männer schon zur Pflicht gerufen. Dyda fing wieder an zu weinen und rannte fort zu ihrem Herrchen. Ich blieb da, stur und verärgert, der Spaß hatte gerade angefangen und sie ging schon weg. Also, Scheidung vor der Ehe. Nicht mal der Pfarrer konnte mit unserer Hochzeit ein paar Euro verdienen. So ging die Nacht vorbei. Am frühen Morgen hatte ich großen Hunger gehabt, aber sexuell war ich irgendwie sehr zufrieden, sagte ich mir. Wenn Sex so gut und so schön

ist, warum soll er verboten sein? Richtig wäre es, ihn offiziell dreimal am Tag zu verordnen, ohne Wenn und Aber und sogar auf Rezept. Da ich Hunger hatte, lief ich zurück nachhause, es war verdammt weit, aber es hatte sich gelohnt. Als ich nachhause kam, ging die ganz Familie mir an den Hals. Mein Frauchen schrie mich an:
„Verdammter Köter, wo warst du diese Nacht? Sag bloß, du läufst den Frauen nach, als wenn es nicht reichen würde, dass dein Großvater das immer machte und jetzt fängst du auch an? Du hast auch unsere Zäune kaputt gemacht".
"Benny, mein guter Junge, ich bekam was zu hören und nichts zu fressen." Und dann fuhr mein Herrchen fort:
„Du Penner, wir werden dich in einem Tierheim abliefern, mach nur einmal wieder was du heute gemacht hast, dann bekommst du von uns eine Kündigung. Ja, du Idiot! Ein Hausverbot wirst du von uns noch bekommen."
„Ja mein lieber Benny. Die Sache war hochgekocht. Mein Herrchen wollte mich schlagen, aber ich habe ihm meine dicken Zähne gezeigt und so nahm er Abstand von mir. Ich war auch wütend. Wenn Boxer wie ich wütend sind, dann fangen sie an alles mit Sabber vollzuschmieren. Dann kam mein Frauchen. Es wurde noch wütender auf mich und forderte mich auf rauszugehen. Ich bekam ab diesem Tag Hausverbot. Auch im Winter musste ich draußen übernachten. Aber das Beste war, dass noch unser Nachbar zu uns kam. Ich meine, der Besitzer von Dyda. Er war wütend und fing an uns anzuschreien:"
„Dieser verdammte Köter von euch war mit Dyda heute Nacht unterwegs, die arme Hündin ist total zerstört. Dieser verdammte faule Sack, dieser Boxer von euch hat unsere Hündin vergewaltigt. Ich gehe zur Polizei und werde Anzeige erstatten."
Ich war einfach baff. Einen Hund wegen Vergewaltigung

anzuzeigen, da würde die Polizei sich totlachen. Menschen können manchmal wirklich Arschlöcher sein. Ich dachte mir schon, hoppla, jetzt lande ich im Gefängnis, wegen Vergewaltigung Minderjähriger usw. - Ja, hier auf dieser Welt, in der die Menschen das Sagen haben, kann alles passieren. Die beiden Nachbarn waren jahrelang mit uns sehr gut befreundet, sogar mein Frauchen hatte mit dem schon was gehabt, ich habe alles selbst gesehen. Der Typ ging immer mal wieder über die Zäune, und jetzt kam er mit diesem moralischen Quatsch. Es war einfach zum Kotzen. Ich habe das Bedürfnis zu sagen:
„Hey, du da, ja du Schnauze, du bist derjenige, der mein Frauchen vögelt, warum darf ich deine Hündin nicht auch mal bei Vollmond schnappen?"
„Aber ich wollte mich gar nicht einmischen. Das sind Menschen, die sind auch so falsch und dumm, wie nur die Menschen sein können. Ich hatte von Weitem Dyda noch einmal gesehen, sie war an der Leine und sah nicht unbedingt glücklich aus. Am liebsten hätte ich sie gern mal zu mir genommen und ihr wieder was verpasst. Dieser Abend, Benny, war wirklich geil. Danach haben unsere Nachbarn sich gestritten wie noch nie! Und alles nur wegen ein bisschen Sex bei Vollmond. Ist das normal Benny?? Nein, oder? Mann oh Mann, das ist doch geil, wie ich dir schon gesagt habe, das müsste offiziell vom Arzt verschrieben werden, Sex dreimal am Tag. Ja, du lachst, aber mindestens! Nein, das ist verboten. Ein alter Kumpel von mir sagte immer wieder."
„Was gut ist, ist entweder verboten oder unmoralisch".
Benny sagte zu sich.
„Der Boxer-Freund ist schon ein toller Typ". Dann fragte Benny ihn.
„Ja ... Brutto, wie ging es weiter? Du warst nicht mehr

Jungfrau und Dyda auch nicht mehr, aber blieben die Nachbarn für immer verfeindet?"

„Nicht ganz Benny. Es ging am Schluss eigentlich harmlos weiter, bis die wieder einmal bei uns geklingelt haben. Da war wieder dieser geile Bock vor unserer Tür, ich habe ihn angebellt und bekam wieder die rote Karte von meinem Herrchen. Da ging alles wieder von vorne los. Ich wurde als ein blöder Köter, Vergewaltiger, Straßenköter, Frauenheld usw. tituliert. Der Mann schrie immer wieder vor sich hin."

„Unsere Dyda ist schwanger, und der Vater ihrer Kinder ist bestimmt dieser blöde Köter von euch. So einen hässlichen Vater für den Nachwuchs haben wir uns wirklich nicht gewünscht."

"Caralho, Benny." Als ich Vater hörte, war ich schon durcheinander. Vater??? Ich???? Da kamen in meinem Kopf schon Hochzeit, Familienpflicht, Fernsehen Abend für Abend zusammen, Osterfeuer machen, Kindergarten, Scheidung, Anwaltskosten, Termine usw. Mir lief kalter Schweiß den Rücken hinunter. Nein, das ist definitiv nichts für mich. Die Diskussion ging weiter und weiter und ich konnte alles nicht mehr hören. Aber Monate später bin ich doch Vater von sechs kleinen "Süße-Achterbahn-Schnauzern" geworden. Die sahen aus wie eine Mischung aus Frosch und Zebra. Benny, eines muss ich dir sagen. Als ich meine eigenen Kinder sah, war mir klar, wie hässlich ein Boxer sein kann. Nun musste ich mich totlachen, als die Leute unsere Kinder zu sich nahmen und immer wieder sagten.

„Oh ,wie süß. Darf ich sie anfassen? Oh ,die sind zum Kuscheln, ... die sind so süß."

„Ja, lieber Freund Benny. Menschen sind doch blöde Tiere. Die Geburt von meinen Kindern war die Lösung für alle Probleme mit den Nachbarn. Das war der Anlass zur Versöhnung von uns allen. Meine Leute haben mich wieder gut ertragen können, der Nachbar vögelte mein Frauchen bei jeder Gelegenheit immer wieder. So ist das. Immer wenn mein Herrchen nicht zu Hause war, ging er über die Zäune und dann ging die Post ab. Das Leben lief so friedlich wie zuvor. Ich hatte einmal im Leben meinen Spaß gehabt, von Dyda musste ich leider Abstand nehmen. Vor allem, wenn sie heiß war, aber ich kann dir sagen, mein lieber Freund. Dieser ganze Ärger hat sich gelohnt. Deswegen sage ich dir Benny. Schnapp dir irgendwann eine von diesen hübschen Ladys, die deinen Weg kreuzen. Es lohnt sich, auch wenn es nur einmal in deinem Leben vorkommt. Was soll ich jetzt sagen? Ich bin alt geworden und stinke jeden Tag noch mehr als vorher, ich muss mein Leben im Garten verbringen und sehe abends zu, wie meine liebe Dyda vorbei läuft. Was soll's? So ist unser Hundeleben eben! Wir sind auf diese Welt gekommen um ein Hundeleben zu führen. Es bleibt nicht anders übrig für uns. Pubertät, mein lieber Freund, das ist wie ein Marathonlauf, er geht schnell zu Ende, und am Schluss ist man müde und weiß doch nicht warum dieser Mist so ist. Bis dann ..., lebe wohl Benny, bis eines Tages. Lebe wohl mein Junge. Übrigens, du musst mal unter die Dusche, du stinkst bestialisch, mein lieber Freund. Ade. Pass gut auf dich auf."

IV Bennys Pfoten

Fass meine Pfoten an Baby
Dann kannst du spüren
Wie zart und schön sie sind.
Die sind wie die Hände einer Pianistin,
Die mir die Mutter Natur schenkte
Sei deswegen nicht neidisch Baby
Jeder hat nur, was Gott ihm gegeben hat
Meine Pfoten sind mein Stolz
Fass mal an Baby, sind die nicht schön?
Dies sind die schönsten Hundepfoten der Welt!
Ich sage es dir ... I'm so happy ...

V *Freitag der 13.*

Eines Tages, am frühen Morgen, sagte Tante Tina zu mir. „Komm Benny, wir machen einen Ausflug!"
Also, wenn ich schon jeden Tag um sechs Uhr morgens diese Frau hören muss, reicht mir das vollkommen. Nun, an diesem Tag, zu dieser Uhrzeit, ging mir wirklich das Messer in der Tasche auf. Ja! Am dem Tag war es erst fünf Uhr morgens, kein Vogel hatte zu dieser Zeit gepiept, die Pferde nebenan schliefen noch, die Frösche machten noch Mittagspause, und wir sollten schon um fünf Uhr aufstehen? Mamamia, nur diese bekloppte Tante Tina kommt auf solche Ideen."
Ich war noch in der Wachstumsphase und brauchte viel Schlaf. Das vergaß sie immer wieder. Ich hörte diese schrille Weiberstimme in meinen sensiblen Ohren, aber ich bewegte mich gar nicht, ich lag da wie ein gebrauchter persischer Teppich aus dem Teppichhaus von Herrn Samadbah, aus der Türkei, der auch eine süße Hündin hat. Aber es dauerte nicht lange und schon war ich wieder eingeschlafen. Dann kam sie wieder und in meinen Ohren tönte ihre helle Stimme, wie der Chor aus einer Dorfkirche, einer Sopranistin oder wie ein Tornado."
„Wird es bald, du Stinktier? Wir müssen gehen, es ist schon fast zu spät, Verena kommt gleich. Wir machen einen Ausflug heute! Komm, beweg dich."
Ich fragte mich nur, wer soll zu dieser Uhrzeit wach werden um einen Ausflug zu machen? Boris Becker vielleicht oder der Dieter Bohlen? Aber ich nicht! Nur diese Frau, die oft nicht schlafen kann, kommt auf die Idee, mitten in der Nacht einen Ausflug zu machen. Manchmal sogar um zwei oder drei Uhr nachts steht sie auf, weil sie nicht schlafen kann, sie

schreit mich an und dann muss ich mit ihr eine Nachtwanderung durchziehen. Sie hätte mit dem Frosch spazieren gehen können! Die machen gern Nachtwanderungen, die quaken manchmal die ganze Nacht durch, so dass keiner schlafen kann. Aber nicht mit mir! Wie könnte ich ihr sowas klar machen? Nein, wenn sie eine Nachtwanderung machen will, muss sogar der Papst mitgehen. Ein Glück für ihn, dass er nicht bei uns wohnt. Zum Glück lebt er in Rom, er hat sich schon manchen Ärger dadurch erspart. Nachtwanderung ... Dann kommt noch dieser verdammte Parfümgestank von Billig-Deodorant von Tante Tina hinzu, den ich nicht ertragen kann, und das am frühen Morgen. Mir wäre es lieber mit einem Stinktier auszugehen, anstatt mit diesem Billiggeruch von Aldi. Ich musste oft mit ihr nach draußen gehen, um die Sterne am Himmel zu zählen. Was soll ich machen? Ich bin nur ein Hund und ich bin auf das Fressen von ihr angewiesen. Und das weiß sie ganz genau. Ja, wegen diesem bisschen Fressen, das sie mir gibt, geht mein Monatslohn, den ich für meinen Dienst als Wachhund und Bodyguard bekomme drauf. Sonst nichts. Aber, Schimpfen und Blödsinn bekomme ich genug von ihr zu hören. Nicht mal eine faule Banane bekomme ich zu Weihnachten als Belohnung. Banane, pfui ...
"Wo ist die Leine Benny? Hast du sie wieder versteckt?"
Dieses Spiel kennen wir schon. April, April ..., oder was?
"Was soll das, wo ist die Leine?"
Früher habe ich oft die Leine versteckt, wenn ich nicht unbedingt rausgehen wollte. Manchmal war es kalt und nass, die Temperatur war manchmal auf 15 Grad Minus und ich musste mit ihr im Wald laufen. Ich bin doch kein Marathonläufer oder Hochleistungsskifahrer. Zum Glück laufe ich auf vier Pfoten, ich bin sowieso schneller als diese Tussi. Manchmal, um sie zu ärgern, bin ich abgehauen. Rache ist süß, wie

man sagt. Ja, ich habe früher oft die Leine versteckt, mal hinter dem Kühlschrank, mal hinter dem Fernseher und einmal sogar im Kamin. Aber das war nicht so klug von mir. Als sie Feuer machte, bemerkte sie gar nicht, dass die Leine da drin war, wir gingen dann kurz spazieren und als wir zurück kamen roch alles nach Schweinebraten. Übrig von meiner neuen Leine blieben nur die Metallringe. Dann flippte sie richtig aus. Und so schrie sie wieder durch die Gegend.

„Mein Gott, wer hat das bloß gemacht? Bestimmt war es dieser Idiot, der Lothar! Der Mann ist zu blöd, um die Leine an der Tür aufzuhängen und hat sie einfach in den Kamin geworfen. Der bekommt was von mir zu hören! Dieser verdammte Schwule, dieser verdammte Klo-Putzer aus Russland. Und wer soll eine neue Leine kaufen? Klar, ich, ich bin wieder dran und dabei haben wir kein Geld mehr. Ja, Benny, Zeit dass du einen Job findest, du bist mir langsam viel zu teuer. Ab in den Kochtopf mit dir, du wirst an die Seifenfabrik verkauft."

Als ich das hörte, stellte sich mein Haar auf, ich meine mein Fell hoch. Ich hielt meine beiden Ohren mit meinen "Dick-Pfoten" zu und wollte gar nichts mehr hören. Ich dachte mir nur, irgendwann werde ich dieser Waldtante meine Rechnung vorlegen. Ich bin hier der billigste und der blödeste Bodyguard der Welt. Ein guter Bodyguard wie ich lebt woanders, in Saus und Braus. Ein guter Bodyguard bekommt pro Tag circa 5000 Euro. Und ich? Gar nichts, außer Schimpferei und Ärger. Außer diesem Trockenfutter, das uns Hunde alle krank macht. Ich bekomme gar nichts. Durch manches Trockenfutter werden wir nur langsam und fett. Und wenn ein Hund wie ich, sein großes Geschäft macht, dann stinkt die Trockenfutter-Masse so bestialisch, dass ich selber meinen Hintern nicht riechen mag. In solchem Tro-

ckenfutter sind so viele Konservierungsmittel und andere Sachen, dass ich nicht daran denken möchte. Ja, ich war wieder in meine Gedanken versunken, dann plötzlich klingelte Tante Tinas Stimme in meinen Ohren, wie das Scheppern einer Milchkanne.
„Na, du blöder Hund, beweg deinen Fett-Arsch, wir müssen los."
Wer sagt schon zu mir, dass ich um fünf Uhr losgehen muss? Wohin und wieso? Das frage ich mich bloß. Nicht mal der Pfarrer oder Angela Merkel stehen zu dieser Zeit auf, um einen Ausflug zu machen. Die legen sich schön ins Bett, bis der Hahn schreit. Aber ich sagte zu mir. Was soll es, ich habe sowieso schon Hunger und pinkeln muss ich auch, dann nichts wie weg aus der Heia. Ok! Ich stehe auf. Schauen wir nach, ob ein Essensrest von gestern noch da ist. Das Essen gestern war ganz lecker, es ist ein guter Rest für mich übrig geblieben, Lothar war gestern Abend mal wieder bei uns, ein Glück, dass er nicht zu viel isst. Wenn Eva da ist, dann bleibt nichts für mich übrig, sie frisst alles weg und hinterher noch eine Tafel Schokolade dazu, als Nachtisch.
„Benny, raus mit dir, jetzt wird nicht gefressen. Du hast Zeit, wenn wir zurückkommen. Komm, raus mit dir. Du bist sowieso schon zu fett für dein Alter, die Seifenfabrik freut sich schon auf deinen dicken Hintern."
Ich denke mir, diese "Tussi" hat nicht mal Respekt, wenn ein Mann wie ich mal ein bisschen am frühen Morgen essen will. Fett …, wer sagt das? Sie hat gar nichts zu meckern, sie sollte sich selber von hinten sehen. Spiegel hat sie nicht, oder? Sie würde eher in die Seifenfabrik passen als ich. Mit solchen Bemerkungen gewinnt sie keine guten Karten bei mir. Das Messer ging mir wieder in der Tasche auf und ich rannte raus wie ein Verrückter.
„Jetzt bist du beleidigt, nicht wahr?"

Immer dasselbe, sagte ich mir. Mir war egal was sie sagte, ich wollte nur meine Ruhe haben. Auf einmal sehe ich, dass sie das Fahrrad holt, mein Gott, das noch? Zu dieser Uhrzeit mit dem Fahrrad durch die Gegend gurken? Die Tante will Fahrrad fahren, na gut, mal sehen wer schneller ist. Klar, sie hat es gut, sie klebt ihr schönes Fett auf den Sattel und ich muss ihr hinterher laufen. Ich habe nicht mal einen Kinderroller, um ihr zu folgen. Also, es bleibt mir nichts anderes übrig, außer als aus Rache auf ihre Füße zu pinkeln. Ich musste sowieso mein Wasser ablassen.
Bei uns in Garten war es strikt verboten zu pinkeln, unser Vermieterin wollte es nicht, noch ein Grund diese Krämerseele zu ärgern. Ja, da ich nicht im Garten meine Flüssigkeit ausgießen konnte, musste ich jedes Mal warten. Bis sie das Fahrrad abholte und bis sie das Tor aufmachte, war es oft fast schon zu spät. Aber an dem Tag habe ich gar nicht mehr warten können, ich hob mein Bein ganz schön hoch, spannte meine ganze Bauchkraft an und legte mal los. Meine „Pinkelei" kam dann geschossen wie eine Jetdüse und da traf sie genau auf ihre Füße. Das tat mir gut.
„Du blöder Köter, was machst du? Weißt du nicht, dass Pinkeln hier verboten ist, wenn die Frau Kruse dich erwischt, dann landest du bei ihr im Kochtopf. Außerdem machst du auf meine Füße. Das darf nicht wahr sein. Du wirst immer besser, das sage ich dir."
Mir war es dann mal wieder egal, was sie sagte. Jetzt wollte ich raus in die Natur. Wo wir wohnen ist es ganz schön. Wie man gern sagt:
„Wir wohnen genau da, wo die anderen gern Urlaub machen würden."
Aber Tante Tina war nicht zu bremsen, und dieses Geschrei ging weiter.
„Ich bereue den Tag, an dem ich dich von deiner Familie

geholt habe. Ich hätte dich dort lassen sollen, nein ich war zu gutmütig mit dir, es tat mir leid, wie die dich behandelt haben. Deswegen habe ich dich hier hergeholt. Aber dankbar kannst du doch nicht sein."

Ich musste so etwas immer wieder hören. Mir war schon egal, wo ich früher war, oder wo ich gewohnt hatte. Hunde haben sowieso kein langes Gedächtnis. Wie ein großer Philosoph sagte:

„Heute gegessen, morgen ins Klo geschissen, und übermorgen vergessen."

War das Goethe oder der Lothar Matthäus? Keine Ahnung, wer das gesagt hat. Ich vielleicht?

So ging das Leben weiter. Aber sie fuhr dann fort. Ihr Mundwerk arbeitet 26 Stunden am Tag. Auch beim Schlafen.

„Wenn Bernd zurückkommt, werde ich dich dort für ein paar Tage lassen, dann wirst du sehen, was ein Hundeleben ist. Dort, in dem Haus, das wäre das Richtige für dich, da würdest du dein Hundeleben genießen können. Ich sage Bernd, er soll dich übernehmen. Dort gibt es nur Pizza und Fernsehen, du wirst genauso einen dicken Bauch wie er bekommen. Gestern habe ich wieder Hundesteuer für dich zahlen müssen. Eine horrende Summe. Und wofür? Nur damit du draußen dein großes Geschäft machen darfst? Wir wohnen sowieso hier im Wald, da muss keiner deinen Dreck wegputzen. Aber trotzdem muss ich Hundesteuer für dich zahlen, du kommst mich langsam teurer zu stehen als meine Tochter, weißt du das?"

Interessiert mich gar nicht, was du sagst, könnte ich zu ihr sagen. Dafür arbeite ich den ganzen Tag, wer steht schon um fünf Uhr auf um sowas zu hören? Du kannst mich mal, du Balla-Balla-Tante, du Schlüsselanhänger, du blödes Weib, du „Nix-Im-Kopf-Drin. Schnauze, du Bastard, du Dickhintern und Stinkerin. Ich könnte ihr sowas sagen und abhauen.

Aber Hunde können nicht sprechen. Sonst würde sie was von mir hören. Jetzt denke ich nach, sie war wirklich wütend auf mich und schrie mich weiter an.
„Schau mal. Meine Hose ist ganz nass und stinkt auch nach deinem Urin, du Blödmann."
Ich musste mich totlachen, als ich das sah.
„Und jetzt habe ich doch keine Lust und auch keine Zeit mehr eine andere Hose anzuziehen. Komm, raus mit mir, du kannst draußen deine Schweinerei machen, aber nicht hier drin im Garten."
Als wir nach draußen gingen, hörte ich ein bekannte Stimme.
„Hallo, Benny, na mein Baby, wie geht's dir?"
Am liebsten wollte ich sagen, ja, voll beschissen heute Morgen!
Nein, das hatte mir noch gefehlt, das war Verena, sie hatte die Gewohnheit meinen Schwanz anzufassen. Wenn ich euch das sagen darf, kein Hund hat es gern, wenn sein Schwanz angefasst oder gezogen wird. Das ist einfach in unserer Tierwelt zum Kotzen. Hat jemand es gern, wenn man ihn an den Ohren zieht oder andere Teile des Körpers angefasst werden? Nein, oder? Und für uns Hunde gilt dasselbe. Insofern, sage ich euch, Hunde oder Pferde haben das nicht gern, wenn man ihre Schwänze anfasst oder zieht. Und genau das tat diese Verena immer wieder. Ich hatte mir schon vorgenommen, einmal richtig in ihre Hand zu beißen, wenn sie es noch einmal versuchen würde. Oder am besten wäre es, sie mal am Busen zu lecken, da sie in die Pubertät kam und die beiden kleinen Bergchen auf ihrer Brust sahen schon schön aus. Aber als gut erzogener Hund musste ich mich beherrschen. Verena hatte einen Dackel. Der Dackel war sehr lang, so wie ein Zug. Sozusagen eine mobile Bratwurst. Der war so blöd wie ein Krokodil. Trotzdem er so

klein war, versuchte dieser Idiot jedes Mal, wenn wir uns trafen an meinem Hintern zu riechen. Das hat mich immer aus der Bahn geworfen. Und ich sagte immer wieder zu ihm: "Was ist, du Penner, hör auf, denkst du ich bin schwul, oder was?"
Aber der Dackel war viel zu dumm, um es zu begreifen. Mein bester Trick war, plötzlich kräftig mit meinem Schwanz zu wedeln, in diesem Teil meines Körpers habe ich so viel Kraft wie ein Elefant, und so bekam der Dackel jedes Mal zu spüren was Kung-Fu ist und lag sofort auf dem Boden, wie eine faule Tomate. Verena sah das nicht so gern und schimpfte jedes Mal mit mir.
„Benny, das macht man nicht, der arme Tony."
Mir war egal was wir Hunde machen dürfen oder nicht. Ihn einmal fest in die Ohren zu beißen, das wäre doch etwas, was diese Latino-Bratwurst verdient hätte, aber dann hätte ich vielleicht seinen Kopf auf einmal amputiert, mit meinem riesigen Maul. Deswegen musste ich mich beherrschen. Dieser Dackel war ein Straßenköter aus Spanien, also, der war sozusagen ein Latino. Ein von sich überzeugter Macho. Verena hatte ihn auf den Straßen von Mallorca gefunden und nach Deutschland gebracht. Der konnte einfach kein Deutsch lernen. Unsere Sprache ging einfach nicht in seinen Kopf rein, zu dumm dafür, wie mancher Brasilianer hier im Land. Ich kenne einen Typ aus Brasilien, der genauso ist. Für die Sprache total unbegabt. Oft kapierte dieser blöde Dackel nicht was Verena ihm sagte. Verena sagte zum Beispiel.
„Jetzt nach links ..."
Und der blöde Vierbeiner aus Spanien ging dann nach rechts oder geradeaus, aber bloß nicht nach links. Dasselbe war es mit dem Farbgefühl, ich bin fest davon überzeugt, dass er farbenblind war. Ja, ein Blinder aus Spanien. Dann kam das

noch hinzu! An der Ampel ging er oft bei Rot und damit verursachte er schon zwei Verkehrsunfälle. Das kostete Verena viel Geld. Verena war auch ein bisschen plemplem, insofern passten die beiden sehr gut zusammen.
In der Nacht und an dem Morgen, an dem wir diesen Ausflug machen wollten, hatte es sehr viel geregnet, mit starkem Sturm, der manche Bäume auf den Weg gelegt hatte. Verena musste immer das Kommando geben, sie wollte immer vorn sein und sagte immer:
„Nach links, nach rechts, nicht zu schnell, schneller, jetzt machen wir eine Pause!"
Das ging mir richtig auf den Keks. Noch dazu diese Stimme von einem kastrierten Tenor, wie die von Tina Turner, die keiner gern hören will, vor allem um fünf Uhr morgens. Es war noch ziemlich dunkel, keine Sterne waren am Himmel zu sehen. Dann schrie Verena wieder wie Napoleon.
„Jetzt los. Wir haben einen langen Weg vor uns. Marsch."
„Marsch?"
Ich fragte mich ..., Marsch oder Arsch? Also, ich hatte es ganz anders verstanden.
Ja, Verena trat mit voller Kraft auf das Gaspedal. Am Abend vorher war ein riesiger Ast von einem Baum runtergefallen und lag direkt auf unserem Weg, aber Verena hatte das gar nicht gesehen. Mein Frauchen hatte das von Weitem erfasst und schrie, ohne gehört zu werden.
„Halt, pass auf, halt, pass auf Verena ..."
Verena fuhr weiter mit Vollgas und schaute nach hinten, zu uns, fragte entsetzt:
„Was ist denn? Komm, wir müssen weiter. Was willst du schon wieder, du blöde Tante. Weiter ... Wir müssen weiter!"
Als sie das gesagt hatte, patsch! Sie fuhr mit ihrem blöden Dackel voll auf den Baum und ich hörte nur einen Schrei.
„Hilfe, wer hat diesen blöden Baum auf den Weg getan? Ich

kann mich nicht mehr bewegen, Hilfe. Ich glaube, ich habe meine Beine gebrochen."

Das war vielleicht ein kurzer Ausflug! Also, beide waren verletzt, Hund und Hundehalterin. Einer noch ungeschickter als der andere. Ich musste mich totlachen, als Verena da lag, mit den Beinen nach oben und dem Dackel unter sich. Einer schrie und der andere bellte vor Schmerzen.

„Was gibt es da zu lachen, du Idiot? Hilf uns doch."

Für Tante Tina war das Ganze gar nicht so traurig und ernst, sie lachte sich tot und Verena schrie noch mehr vor Schmerz und konnte sich gar nicht bewegen. Dann war für uns klar, dass die Sache ernst war. Bei dieser Gelegenheit musste ich mal wieder pinkeln, ich hatte vorher sehr viel Wasser getrunken. Da legte ich richtig los und hörte nur Tante Tina, die mit mir schimpfte.

„Du altes Schwein, Benny, schon wieder pinkelst du auf meine Beine, mach, dass du weg- kommst. Ich werde dich doch weggeben, du kannst zu Verena gehen und mit ihrem Dackel unter einem Dach zusammenleben."

Mein Gott, sage ich zu mir, bloß das nicht. Lieber würde ich ein Straßenhund werden als mit den beiden zusammenleben zu müssen. Also, es blieb uns gar nichts anders übrig als einen Krankenwagen zu bestellen. Und so dauerte es nicht lange, dann kam mitten im Wald ein starkes Blaulicht mit Tatütata … Verena musste ins Krankenhaus gebracht werden. Der blöde Dackel, der Spanier, zur Tierklinik.

Also, ich habe zum Feierabend und zur Feier des Tages mein großes Geschäft gemacht, einer muss bei uns im Wald für die Ernährung der Bäume und Pflanzen sorgen. Ich war dann mit allem vollkommen zufrieden. Vor allem mit unserem Ausflug, den wir schon hinter uns hatten. Es war bis jetzt der kürzeste Ausflug in meinem Leben. Gott sei Dank. Wir gingen nach Hause, Tante Tina warf was zum Fressen in meinen

Napf. Ich fraß wie ein Krokodil, trank mein sauberes Waldwasser wie ein Verdurstender. Gegen sieben Uhr war ich schon in meinem gemütlichen Gemäuer. Aaah ..., sagte ich zu mir. Wie schön das Leben sein kann. Verena war schon im Krankenhaus, bekam ein Gipsbein und der Dackel Tony musste eingeschläfert werden, weil er die Wirbelsäule gebrochen hatte. Ihn am Leben zu halten, wäre für ihn eine richtige Qual gewesen. Das tat mir sehr leid. Aber, das Leben hält für uns manche Überraschungen bereit, bei denen wir stark sein müssen, wenn wir mit allem konfrontiert werden. Ich schlief wie ein Engel, bis zwölf Uhr, dann wurde ich geweckt von Eva, die von der Schule früher nachhause kam und schon Weitem nach mir schrie.
„Benny, Benny, Benny ... wo bist du...?"
Wo sollte ich denn sein? Ich stand sofort auf und tat nur so, als ob ich schon lange gewartet hätte. So tun die Menschen das auch! Wir sind alle ein bisschen falsch. Nicht wahr?
„Wo warst du bis jetzt, Mädchen?", fragte ich sie. "Muss es sein, dass ich hier im Haus den ganzen Tag allein bleiben muss und keiner kümmert sich um mich? Was für Hundehalter seid ihr?"
Das habe ich gut bei den Menschen gelernt, die müssen immer die anderen unterbuttern. Aber Eva war immer sehr nett zu mir und sprechen kann ich sowieso nicht, insofern kann ich mir viel Ärger ersparen. Ich schaute Eva mit meinen entzückenden Augen an und sie begriff sofort.
„Benny, du hast Hunger, nicht wahr? Ja, du bekommst eine große Portion von mir, weil du heute unser Held warst. Bestimmt hast du dem Dackel und Verena das Leben gerettet, so ist das. Oder? Braver Hund, du bist der beste Hund der Welt. Schade, dass du kein Mensch bist, sonst würde ich dich sofort heiraten."
Pfui, heiraten? Niemals, auch wenn Eva sehr hübsch und

nett zu mir war. Aber heiraten, das kommt gar nicht in die Tüte. Niemals.
„Benny, wo ist die Leine?"
Diese Frage ging mir jedes Mal auf den Keks. Ich sollte immer wissen, wo die Leine ist. Dieses Mal hatte ich sie nicht versteckt, wirklich nicht.
„Ohne Leine können wir nicht weggehen."
Als ich das hörte, sprang ich fort und auf einmal war ich auf der Straße und genoss meine Freiheit. Eva rief mir nach, aber ich wollte gar nichts hören, ich wollte nur mein Leben unter diesen wunderschönen Bäumen genießen. Da kam dann Eva, nahm einen Stock und warf ihn soweit sie konnte, ich rannte hinterher und in der Kurve traf ich mit meinem Dickschädel mit dem Förster zusammen, der mit seinem Fahrrad zum Mittagessen nachhause kam. Auf einmal, da lagen wir beide auf dem Boden und der Förster schrie wie ein Pirat.
„Eva, nimm diesen Straßenköter an die Leine, sonst bekommt ihr noch Ärger hier mit mir im Wald."
Jeder sagt Straßenköter zu mir, aber der da war der Förster unseres Waldes und ich musste aufpassen. Ich stand auf, der Mann konnte sich kaum bewegen und ein paar Minuten später war wieder der Krankenwagen da. Der Förster musste auch ins Krankenhaus eingeliefert werden. Eva sagte einfach zu mir, später als wir alleine waren.
„Benny, wenn das so weiter geht, landest du noch in der Seifenfabrik oder im Knast. Komm, wir gehen nachhause. Weißt du, dass heute Freitag der 13. ist?"
Was, schon wieder mein Geburtstag? Keine Ahnung was das bedeutet, aber vielleicht wäre es doch besser für eine Weile zuhause zu bleiben und Fernsehen zu gucken.
„Gute Nacht!"
Ja, so ist das. Junge und hübsche Hunde wie ich, müssen

immer sehr viel schlafen, damit wir vom Essen träumen können!!!
Der Letzte macht das Licht aus ... Euer Benny ist nicht mehr zu sprechen!!! Ha, ha, ha ..., wie schön das Leben sein kann.

VI *Freiheit*

An der Leine geboren,
Und schon seit meiner Geburt
Führe ich ein Hundeleben.
Ich fresse, pinkle und schlafe
Und keiner fragt, wie es mir geht.
Ich weiß nicht genau,
Was Freiheit bedeutet
Ich kann nicht so herumtoben
Ich werde immer hin und her gezogen
Ich bin kein Schiff
Das am Hafen festgebunden werden muss.
Lass mich bitte frei
Mein Hals kann nicht mehr
Mir tut diese Leine schon weh
Ich beneide schon die Vögel
Die frei am Himmel fliegen.
Ich bin an der Leine geboren!
Wenn ich zu frech bin
Dann heißt es
Fuß, Fuß!!! Bei Fuß!!!
Ich möchte frei sein ...
Gott, hilft mir ...

VII *Benny, der Straßenmusikantenhund*

Plötzlich bekamen wir bei uns zuhause unerwarteten Besuch. Das war ein "Jungmann", mit einem dicken Schnauzer über dem Mund und ganz komischer Sprache. Ein Deutsch, das ich sogar als Hund besser sprechen könnte. Das war ein Musikstudent aus Münster, der kam eigentlich aus Sibirien und fand das Wetter im Münsterland zum Kotzen. Der spielte Gitarre, um sein Studium finanzieren zu können machte er Straßenmusik. Er erzählte, dass man damit genug Geld verdiente, um überleben zu können. Andere müssen Teller waschen! Sein Name war Friedolin. Das konnte ich nicht fassen, dass ein Russe Friedolin heißt. Aber so war es.
Ja, ich habe seiner Abenteuergeschichte ganz genau zugehört und dachte mir.
„Warum sollte ich selbst das nicht eines Tages machen? Singen konnte ich sowieso laut, und so laut, dass die Passanten mir einen Sack voller Geld geben würden. Bestimmt mehr als für diesen Musikstudenten aus Sibirien, mit seinem komischen Schnurrbart".
Und so versprach ich mir: Wenn wieder Ärger bei mir zuhause ist, wegen der Leine, dem Fressen usw. gehe ich. Ich wollte dann sofort abhauen. Nun, der nächste Ärger war schon vorprogrammiert. Ich hatte auf einer Ecke meinen Napf mit meiner Fresserei stehen. Jedes Mal wenn ich ausgiebig Wasser trank, dann ging es schon wieder los.
„Benny", schrie Tante Tina mich wieder an. "Du bist schon groß genug. Warum kannst du nicht richtig essen oder richtig dein Wasser trinken? Schau mal. Es ist alles voller Nässe hier."

„Mein Gott, was kann ich dafür, wenn Gott mir so viel Bart gegeben hat, klar bleibt alles hinterher nass. Soll ich mein Wasser mit dem Löffel trinken oder mich deswegen rasieren?"
„Benny, heute bleibst du draußen."
"Was?", fragte ich diese Klavier-Tante. Bei dieser Kälte soll ich draußen übernachten? Das darf nicht wahr sein. Und so war es. Die Temperatur war etwa Minus acht Grad und ich, der blöde Benny, sollte draußen schlafen und die anderen Familienmitglieder saßen ganz gemütlich drin, voll bedeckt mit einer warmen Decke und am Kamin. Abends machten sie die Rollläden runter, wie immer, die schalteten diese „Zeitmaschine" an. Ich meine, diese Kiste mit vielen Farben, die die Menschen Fernsehen nennen. Ja, die holen alles direkt ins Haus, von ganz weit weg, alles was in der Welt passiert und klar, meistens sind nur Katastrophen und schlechte Nachrichten zu sehen, so dass man hinterher nicht mehr schlafen kann. Die schauen solchen Mist an und amüsieren sich mit tausend Toten, die am Tag auf den Bildschirmen spazieren gehen. Sag mal ... Sind die Menschen wirklich so blöd, oder tun die nur so?
„Benny bleibt draußen heute, Eva."
„Aber es ist zu kalt für ihn, Mama."
Benny bleibt draußen heute?, fragte ich mich entsetzt.
„Schau, was für eine Sauerei er wieder gemacht hat."
Und so bellte Tante Tina rum. Sie hatte mal wieder schlechte Laune!
Eva versuchte mich in Schutz zu nehmen, aber die blöde Kuh Tina, die mich im Wald immer mit ihrem Marathonlauf quälte, blieb hart und ich musste doch draußen übernachten. Wo gibt es sowas? Ich sollte das Jugendamt alarmieren! Immerhin war ich erst zwei Jahre alt. Nun, was konnte ich machen? Mund halten! Und versuchen zu schlafen. Es ging

gut, bis ein Vogel anfing zu piepsen. Es war vielleicht zwei Uhr nachts. Dann konnte ich nicht mehr schlafen. Es war zu kalt. Ich kratzte mal kräftig an der Tür, aber da kam mein Herrchen raus, mit einem Besen in der Hand. Davor hatte ich Angst, denn ein Freund von uns konnte dadurch nicht mehr richtig laufen. Er war mit einem Besen geschlagen worden. Menschen können auch grausam sein. Also, ich tat meinen Schwanz zwischen die Beine, schaute ihn sehr traurig an und versuchte weiter zu pennen. Konnte ich aber nicht. Der Vogel war zu laut und mir war es zu kalt. Dann dachte ich wieder an den Straßenmusikanten, den Friedolin aus Russland.
„Warum nicht abhauen?"
Wenn ich schon hier in dieser Kälte schlafen muss, kann ich das selber irgendwo in der Stadt tun und morgen mein eigenes Geld verdienen. Also, nichts wie weg von hier. Aber wie denn? Das Tor war abgeschlossen, der Zaun war zu hoch, um darüber springen zu können. Dann versuchte ich von hinten rauszukommen. Zum Glück hatte der Gärtner das hintere Tor offen gelassen und ich ging fröhlich und voller Begeisterung raus und weg. Ich sagte zu mir.
„Ja. Die Welt wartet auf mich, ab heute verdiene ich mein Geld selbst."
Aber wie komme ich zu der Stadtmitte? Es war schon sehr weit, einige Kilometer. Egal. Ich lief dem Bus nach, der immer bei uns fuhr, damit war ich schon vorher mal gefahren. Also, dann auf ein Neues. Gegen sechs Uhr morgens kam ich in der Stadt an. Da gab es Müll überall. Ich wusste, dass in den sogenannten braunen Tonnen immer ein Rest von Essen drin war. Ok. Ich musste nur eine von diesen Tonnen finden, damit wäre mein Frühstück auf dem Tisch schon vorbereitet. Ich lief hin und her, schaute die Schaufenster an. Überall waren schöne Frauen zu sehen, die

sich nicht bewegen konnten. Ich sagte mir dann. Die da, die sind schlechter dran als ich. Mein Gott, wie kann man so einen Job machen? Immer da bleiben, ohne sich zu bewegen, nur damit die Leute sie anschauen können. Sogar die Nacht durch. Nun, die trugen sehr schöne Kleider. Eine war ausgezogen, dann merkte ich, dass die nur aus Kunststoff gemacht waren. Es waren keine echten Frauen oder Männer. Ich dachte es mir nur. Die Menschen sind sehr erfinderisch, sogar Menschen aus Plastik erfinden die. Auf einmal sah ich ein Geschäft, das schon auf war, da drin war ich schon einmal mit Tante Tina zum Essen gewesen. Na ja, ... gegessen habe ich nichts, ich habe damals nichts davon bekommen, zum Glück, sonst wäre es mir hinterher schlecht gegangen. Das Geschäft sah sehr amerikanisch aus. Am Eingang sah ich so einen großen Clown, mit großem Mund, der lachte und ich dachte mir, das ist vielleicht der Bundespräsident von den USA, die haben immer solche komischen Phantasien, die Amerikaner. Der Herr heißt irgendwie so was wie Mac. Den Rest konnte ich nicht mehr lesen, weil ich sofort weggejagt worden bin.
„Hey! Was machst du hier alleine? Ich rufe sofort die Polizei. Du bist bestimmt abgehauen, oder?"
Das fragte mich ein blöder Mann, der dunkle Haut hatte und bestimmt ein Guru aus Indien war, der dort arbeitslos war und hier einen Job als Hamburger-Verkäufer bekommen hatte. Das sind solche Menschen, die arbeiten bis zum Umfallen. Wenn die sehr brav und fleißig sind, bekommen die eine Anstellung als Geschäftsführer. Dann dürfen sie alle Hunde der Welt wegjagen, wenn einer zu nahe kommt. Ich war bestimmt nicht der erste. Zum Glück war es kein Chinese, sonst hätte er mich vielleicht in seinen Topf geworfen. Also. Ich ging sofort weg, Polizei war nicht mein Ding, ich war noch zu jung, um meine Pubertät hinter Gittern zu ver-

bringen. Der Straßenmusikant aus Russland hatte uns damals von der Polizei und von Ärger auf der Straße erzählt, das habe ich mir ganz genau gemerkt. Also, nichts wie weg. Ich ging weg und hinter dem Restaurant standen dann die berühmten Mülltonnen in Schwarz, Braun und Gelb. Ich habe mir eine Braune ausgesucht. Ich bin hochgeklettert und der Geruch war entzückend. Nun, durch mein Gewicht, war die Mülltonne sofort auf den Boden gefallen. Prima, das Essen war serviert. Es war alles Mögliche da drin, Hamburger, Cheeseburger, Fisch, Mac-Salat. Ich sage es dir.
„Bingo, die Party konnte losgehen."
Ja, ich habe mich vollgefressen und hätte noch mehr fressen können, doch dann kam wieder dieser Inder, der "Schwarzmann" zu mir und schrie mich an.
„Das darf nicht wahr sein. Mach, dass du wegkommst, hier wird es langsam noch schlimmer als in Brasilien."
Brasilien, sagte ich mir. Nicht schlecht, wenn ich genug Geld als Straßenmusikant verdient habe, dann werde ich nach Brasilien auswandern, dahin gingen früher viele Verbrecher und viele Nazis. Das habe ich mir sagen lassen. Ja, das wäre eine Idee. Also, ich bin schnell weg- gerannt. Der wollte die Polizei holen. Ich hätte nur gern gesehen, was er in Indien machen würde, wo alle mit den Kühen auf der Straße leben. Holt man auch die Polizei dafür? Nein! Die werden angebetet und die Menschen dort verehren die armen Kühe, die ich gern in den Hintern beißen würde. Oft können die Autos gar nicht mehr fahren, weil eine Kuh vielleicht mitten auf der Straße ihre Mittagspause macht. In Indien regt sich niemand deswegen auf. Mein Gott, was ist aus dieser Welt hier geworden. Und dieser Mann? War er nicht auch aus Indien? Warum gab er mir nicht etwas zu essen, anstatt mich wegzujagen? Was für ein Hare Krishna war das? Was für ein Guru war das? Das war bestimmt ein Mac-Burger-Guru. Das war er,

sonst nichts. „Ok, Benny!, sagte ich mir. Du hast gegessen, du bist voll satt und jetzt bist du müde. Wie wäre es mit Schlafen, Hotels gibt es hier überall, such dir eines aus."
Ein Hotel, das mir sehr gut gefallen hatte, hieß Karls-Stadt. Das wäre schön zum Schlafen. Ja, ich bin hingegangen, habe eine schöne Ecke ausgesucht und habe das freie Leben genossen. Gegen acht Uhr kam ein Mann mit seinem Besen, schaute mich an und sagte.
„Na, mein Junge, was machst du hier? Willst du was kaufen? Es ist noch zu früh, wo ist dein Frauchen geblieben? Alleine darfst du hier in der Stadt nicht bleiben. Nächstes Mal geh mal ganz nach hinten, wo die Mülltonnen sind, da kommt keiner hin und du kannst dort in Ruhe schlafen, da kommt auch warme Luft von der Heizung raus. Nachts ist es nicht so kalt wie hier, wo du bist." Der Mann sprach auch sehr komisch.
„Verstehst du mich? Ich komme aus Chile. Wir haben auch viele Hunde dort, die auf den Straßen leben. Sehr viele sogar. Die bekommen kostenloses Essen, dürfen überall rumlaufen, niemand macht was dagegen. Arme Tiere, hier wird sofort die Polizei alarmiert und die müssen ins Tierheim gebracht werden. Ja, bei uns, wenn es zu viele sind, dann landen sie auch in der Seifenfabrik."
„Tierheim, Seifenfabrik?", fragte ich mich. Das klingt wie Altersheim. Na ja, denke ich mir, vielleicht, wenn ich alt bin. Jetzt möchte ich Geld verdienen und reich werden. Der Mann war wirklich sehr nett. Ich stand auf, schaute ihn an und sagte nichts, nicht mal auf Wiedersehen, ich wollte nur die Stadt anschauen. Es war noch sehr früh und auch kalt, kein Mensch war auf den Straßen zu sehen, ganz weit weg sah ich ein Auto - vielleicht könnten die mir sagen, wo ich einen guten Platz zum Singen bekommen könnte. Als das Auto sehr nah   war, habe ich gesehen, dass es Männer in

grüner Uniform waren, und so ging ich sofort weg, das waren die berühmten Bullen. Die stiegen aus und rannten mir hinterher. Klar, für mich war das ein Rennen gegen Frösche. Sehr schnell war ich weg und versteckte mich hinter den Mülltonnen von Mac-Burger. Als ich dachte, ich wäre in Sicherheit, hörte ich eine Stimme.
„Das gibt es nicht. Das bist du schon wieder?"
Ja, das war der Guru mit seinem komischen Hare-Krishna-Gesicht. Was sollte ich sagen? Hallo Freund, wie läuft alles mit eurem Essen? Beim Rennen hatte ich meine Pfote etwas verstaucht. Ich habe ein paar Mal die Stelle geleckt und es schien ihm leid zu tun. Er kam näher und irgendwie hatte ich ein gutes Gefühl bei dem Mann. Er machte die Mülltonne auf und holte einen saftigen Hamburger raus.
„Schau, das ist noch von gestern. Es schmeckt ganz lecker, iss mal."
Nicht schlecht, kaum war ich in der freien Welt, hatte ich schon zwei Freunde, den vom Karls-Stadthaus aus Chile und diesen aus Indien. Ich fragte mich dann, wo bleiben in unserem Land, am frühen Morgen, die guten Deutschen? Manche kommen nur, um Polizist auf dieser Welt zu sein. Wir sahen uns in die Augen und komischerweise, wir hatten beide die gleiche Augenfarbe.
„Deinen Namen weiß ich nicht, aber ich sage einfach Osho zu dir. Bist du damit einverstanden? Das war ein großer Philosoph und Gelehrter aus Indien. Du kannst hier bleiben so lange wie du willst, ich sage meinen Leuten, die sollen dich nicht wegjagen, aber hier in der Stadt musst du aufpassen. Die Leute sind nicht unbedingt freundlich zueinander, insbesondere nicht zu den Tieren. Hierher kommt man nur, um Geld zu verdienen und die anderen übers Ohr zu hauen. So jetzt muss ich was tun. Ok?" Einige Minuten später kamen ein paar hübsche Mädchen, alle in

schönen Uniformen und strahlten mich an. Die Damen waren die Mitarbeiterinnen von Onkel Mac, die waren schön gekleidet. Das muss ich schon sagen. Alle brachten mir wieder was zum Essen und in wenigen Minuten habe ich 10 Hamburger verspeist, zum Trinken gab es Wasser, Coca Cola, Fanta, etc. Ich war eigentlich ganz zufrieden, ein bisschen Sex dazu wäre schon nicht schlecht gewesen. Aber die Damen haben mir nur Hamburger geben wollen. Das Beste kommt immer zum Schluss. Nach so viel Hamburgern ging es mir schlecht und ich kotzte mich aus, ohne Hemmungen. Eines von dem Mädchen erschrak deshalb und schrie laut.
„Der hat vielleicht Tollwut, vor seinem Mund steht soviel Schaum, genau wie bei Tollwut. Wir müssen die Polizei alarmieren."
Mein Gott, wer kotzt nach solchem Essen nicht? Was denkt ihr an Tollwut, Ladys? Die waren ganz nett zu mir, jetzt rannten alle weg, wie von der Tarantel gestochen. Ich dachte mir.
„Nichts wie weg hier."
Ich nahm dann meinen Rucksack und ging weiter. Die Kotzerei auf dem Boden sollte ein anderer wegputzen. Ich hatte keine Zeit dafür. Nicht weit weg sah ich ein Gebäude, das sehr groß war. Es war ein riesiges Haus, das ich schon einmal gesehen hatte. Ich ging hin und hörte, dass jemand irgendwas sagte, es solle ein Dom sein. Ein Dom? Keine Ahnung. Es war vielleicht die Privatwohnung des Bischofs. Die brauchen immer solche großen Wohnungen, um den Menschen zu imponieren. Solche Häuser dienen sehr gut dazu aufgenommen zu werden, dorthin kommen immer Leute, die Fotos machen. Wie die Japaner zum Beispiel. Manche Touristen knipsen Fotos sogar von Hunden, wenn die „Kaka" machen. Warum nicht auch den Dom fotografieren? Irgendwas müssen die Touristen schon nachhause mit-

nehmen. Ja, das war eine große Kirche der Stadt. Jahr für Jahr musste viel Geld reingepumpt werden, damit diese Dinge aus Sandstein und Backstein weiter stehenbleiben können. Zu viel Geld für ein paar Fotos. Ich dachte mir, die Menschen sind doch komisch. Man baut so ein riesiges Ding und muss immer wieder renovieren, aber da drin darf niemand wohnen, nicht mal der Bischof darf da drin wohnen. Warum? Warum? Weil es da drin zu kalt ist. Weil es da drin kein Bett gibt, keine Schranke und auch keine Küche zum Kochen. Sogar keine Toilette. Also, wozu das denn? Nur für ein paar Gottesdienste pro Woche. Luxus pur! Ich werde unserem Bischof einen Brief schreiben und sagen, dass das Haus ab sofort der größte Kindergarten der Welt sein soll. Mit Rutschbahn usw. Es sollt umgebaut werden zum Seniorenheim oder Seniorentreff, mit gemütlichen Räumlichkeiten und mit einer tollen Kantine, in der es alles umsonst gibt, Essen und Trinken. Alles umsonst. Dieses Haus war wirklich sehr groß. Ich überlegte mir dann. Davor, vor diesem Dom, da könnte ich vielleicht mal singen. Einige Touristen waren schon da. Also, ich habe einen tollen Platz ausgesucht, wo die Leute vorbei liefen und ich habe dann losgelegt. Hast du schon gehört wie ein Hund singt? Eben, genauso habe ich angefangen zu singen. Nach ein paar Takten haben die Leute mich total ausgelacht. Geld habe ich keins bekommen, macht nichts, ich war aber satt und hätte überall Essen bekommen können. Wozu Geld? Unterhosen brauche ich auch keine. Denn die Welt war noch in Ordnung. Also, alles war in Ordnung, bis ich von weither die Polizei wieder sah. Mein Gott, was ist hier los, fragte ich mich. Haben wir wieder eine Diktatur im Land? Die Polizisten kamen zu mir und eine alte Dame schrie laut. "Der hat bestimmt Tollwut. Aufpassen." Sofort liefen alle Menschen weg. Die Polizisten zogen sofort die Schlag-

stöcke raus und kamen langsam zu mir. Mein Gott, ich hatte keine Lust mehr wegzurennen, mir ging es schlecht, ich habe nur gewartet, bis die in meine Nähe gekommen waren, dann machte ich mich wieder aus dem Staub. Klar, die beiden liefen mir hinterher. Wenn ich wie ein Mensch sprechen könnte, würde ich laut schreien.
„Fang mich, fang mich. Du Blödmann, fang mich."
Ich bin ein bisschen im Kreis gelaufen, um die Sache ein bisschen interessanter zu machen. Aber ich habe doch nicht ganz aufgepasst, und landete unter einem Fahrrad. Es tat mir schon weh. Die Bullen, die kamen alle zu mir und nahmen mich fest. Ich hatte keine Chance, die waren zu zweit und sehr kräftig. Und so war meine Karriere als Straßenmusikant sehr schnell zu Ende.
„Das ist kein Straßenhund, der hat eine Hundemarke. Also, wir können dich schnell identifizieren, mein Junge. Sei brav, dann passiert dir nichts."
Ich bin ein starker Tiger, aber es tat mir alles weh, wegen dieses blöden Fahrradfahrers. Der war verletzt und sein Fahrrad war hin.
„Halt, Herr Offizier, der Hund gehört zu mir. Sie können ihn frei lassen. Er war heute früh abgehauen, sie wissen, in diesem Alter werden die ein bisschen verrückt, es laufen zu viele schöne Mädels in der Gegend rum. Sie können ihn freilassen, ich bringe ihn nachhause. Komm Felix. Komm zu mir."
Kaum war ich aus dem Haus weggelaufen, hatte ich schon einen Kotzanfall, bekam zwei Namen und auch Ärger mit der Polizei. Mein Gott, wer hält das da draußen jeden Tag aus?
Die Polizisten schrieben alles auf, der Mann, der mich zu sich genommen und mich gerettet hatte, war der Chilene von Karls-Stadt. Der Putzmann von dort. Ich bin freige-

lassen worden, eine Leine hatten wir nicht. Als Leine nahm der Mann seinen Hosengürtel und wir gingen ganz fröhlich weg.
„Komm schon, Felix! Wir müssen schnell von hier weg. Aber das wird uns teuer zu stehen kommen, mein Freund, der Fahrradfahrer ist verletzt, das Rad ist kaputt, es folgt bestimmt eine Anzeige gegen dich, ich hoffe, dass deine Familie eine gute Versicherung hat."
„Hallo Alter, der Hund gehört zu mir."
„Was sagen Sie?"
„Ja, der Hund hier gehört zu mir, er ist weggelaufen. Blöder Hund. Lassen Sie ihn frei, ich habe seine Leine."
„Ok! Wenn Sie das sagen, dann muss es stimmen."
„Danke, Alter, dass du ihn von der Polizei befreit hast, ich konnte nicht zuhilfe kommen, weil ich selber mit denen genug am Hals habe. Komm Samson, wir müssen arbeiten gehen."
„Arbeiten?", fragte ich mich. Und wie war das? Zuerst sagte einer zu mir Felix und jetzt auf einmal Samson. Es fehlt nur, dass er plötzlich Dalila zu mir sagt. So dachte ich mir. Aber der Mann war mir sehr sympathisch, der hatte so einen Geruch wie ein Pferd und das hatte mir sehr gut gefallen, endlich jemand in der Stadt, der nach Natur roch. Ich ging zu ihm und bald standen noch weitere drei Hunde vor mir. Die wollten mich schon angreifen, aber ich war stärker und zeigte meine Zähne. Der Mann hatte die drei Hunde unter Kontrolle und einer bekam sogar eins hinter die Ohren, so war alles in Ordnung.
„Hier wird nicht gestritten, Samson gehört ab sofort zu uns. Gehört zu unserer Familie, kapiert? Wer damit nicht einverstanden ist, der kann gleich aussteigen."
Keiner sagte was, der Typ war der Chef und ab sofort schien es mir so, dass ich ihm gehorchen müsste, um keinen Tritt

in meinen Hintern spüren zu müssen. Der war ein Penner, ein Bettler, vielleicht sogar ein Mafioso. Nun gingen wir zusammen in die Stadtmitte, er suchte vor der Lambert-Kirche einen schönen Platz für uns, legte seinen Hut auf den Boden und da bekam ich meinen ersten Job. Ich sah gut aus und alle wollten mich streicheln. Die Kasse klingelte so gut wie noch nie bei dem.

„Mann, du bist ein Renner, Junge!", sagte der Chef zu mir. "Du bist eine Volltreffer für mich. Du hast Klasse und die Leute merken das".

Ja, ich war das beste Pferd im Stall, das war mir klar. Warum nicht gleich auch singen? Ich wollte Straßenmusikant werden und nicht Bettler. Also habe ich dann angefangen zu singen. Die Passanten fanden das Klasse und am Abend hatte ich keine Stimme mehr, aber die Kasse war voll. Wir gingen nachhause, das heißt, wir gingen zu einem Parkplatz und da hatte unser Chef sein Zimmer. Es war ein Loch in einer Betonplatte einer ehemaligen Baustelle, die er als Wohnung für sich genommen hatte, es war Platz für uns alle dort. Komischerweise war es auch warm, viel zu warm für mein Bedürfnis. Mein Chef hieß Mike, der war aus Irland und ist hier im Land so runtergekommen, dass er jetzt als Bettler auf der Straße leben muss. Gegen Abend habe ich Hunger gehabt, der Typ hatte mit uns viel Geld verdient, aber zum Essen hatte er nichts gekauft. Klar, Alkohol jede Menge. Das fand ich nicht ganz in Ordnung. Also, wer Hunger hat muss essen suchen. Als der Chef betrunken war und nicht aufgepasst hatte, ging ich weg und suchte wieder meinen Freund von Mac Burger. Als ich dort ankam, war es fast wie ein Fest. Alle freuten sich über meinen Besuch.

„Da bist du wieder, mein Freund. Meine Mitarbeiterinnen haben heute früh Angst vor dir bekommen. Na, hier hast du

was zum Essen. Guten Appetit." Mal wieder ein Hamburger, aber besser als nichts, besser als Bier, ich würde niemals anfangen zu trinken, wie mein Chef, der Mike das machte. Sowas würde ich sowieso nie tun. Ich habe gegessen und ging zurück zu meinem Mike. Am nächsten Tag mussten wir früh loslegen. Ich hatte Lust wieder zu singen. Und so gingen die Tage weiter, nach einem Monat sah ich wirklich aus wie ein Straßenköter, eben genauso wie es die Leute früher zu mir gesagt hatten. Der Blödmann hat mich als sein Sklave behandelt und hat mich auch ein paar Mal geschlagen. Eines Tages saßen wir mal im Dom und ein hübsches Mädchen kam rein, ich habe sie sofort wiedererkannt, das war Eva. Ich habe wie ein dummes Tier angefangen zu bellen, ja in der Kirche habe ich angefangen zu bellen. Eva hatte mich gar nicht erkannt. Dann sagte Tante Tina zu ihr. „Schau Eva, das ist Benny. Ich weiß, dass dieser Hund Benny ist."
Eva schrie dann.
„Benny, das ist mein Benny."
Und so, im Dom, mit all den Touristen, machten wir ein richtiges Wiedersehensfest. Mein Chef hatte versucht, meine Familie wegzujagen. Immerhin war ich sein bester Verdiener, aber Tante Tina sagte sehr energisch zu ihm.
„Lassen Sie bitte sofort unseren Hund los, aber sofort, sonst wird in ein paar Minuten die Polizei da sein und Sie werden verhaftet als Hundedieb. Lassen Sie unseren Hund los. Komm Benny, wir gehen nachhause."
Als ich hörte, dass wir nachhause gehen, da stand mein Herz in Flammen. Nachhause, mein Gott, das war schön zu hören. Ich hatte dieses Straßenleben satt, ich bin ein Hunde-Bettler geworden und dabei wollte ich nur ein bisschen Freiheit genießen. Als wir nachhause kamen, sind wir sofort zum Fluss gegangen und dort habe ich richtig

gebadet. Das tat mir sehr gut, mein Chef war in dieser ganzen Zeit kein einziges Mal unter der Dusche gewesen, er hatte immer die gleichen Kleider an.

Am Abend bekam ich mein Abendessen und konnte mal wieder zuhause schlafen. Das war toll. Es war schön daheim zu sein, wieder bei meiner Familie, bei Tante Tina und bei Eva. Ich wollte niemals wieder weggehen. Niemals! Das Leben als Straßenmusikant war nichts für mich. Manche haben das gern, wie der Musiker aus Russland. Ich bin nicht dafür geboren. Für diese Abenteuer bin ich vielleicht zu schwach geboren, das Luxusleben hat schon eine große Bedeutung für meine Existenz. Essen, fressen, schlafen, spazieren gehen, wieder fressen und schlafen, das ist ein Leben für einen Hund wie mich. Und so war mein Leben bei Tante Tina. Manchmal war es gar nicht einfach sie zu ertragen. Wirklich nicht leicht! Aber es war besser nicht als Bettler auf der Straße leben zu müssen.

„Was macht mein Chef, der Mike, jetzt?", fragte ich mich immer wieder. Bestimmt ist er von einem Kollegen erstochen worden und hat unsere Welt schon verlassen. Leb wohl Chef, ja Gott sei mit dir. Du hast mir vieles beigebracht. Vieles! Du hast mir beigebracht, dass der Preis für die Freiheit sehr hoch ist. Du hast mir beigebracht, dass die höchste Freiheit eben die innerliche Freiheit ist. Die müssen wir erkämpfen und versuchen immer zu bewahren. Lebe wohl, lieber Chef, du bist schon in Ordnung, wir haben viel Spaß bei dir gehabt. Gott sei mit dir.

VIII *Hundepension*

Lasst euch erzählen, wie ich in eine Hundepension gekommen bin. Es ist schon lange her, ich war noch sehr klein, das bedeutet in Monaten gezählt, weil ich als Berner Sennenhund schon groß auf die Welt gekommen bin. Am dem Tag als meine Herrschaften am Tisch saßen und sich zum Abendessen trafen, aß ich so ganz nebenbei auch fleißig mein gutes Futter. Plötzlich hörte ich meinen Namen, dazu kam folgende Bemerkung:
"Ja, es bleibt nichts anderes übrig, Benny muss in eine Hundepension gehen, in der Zeit, in der wir verreisen. Das Auto ist zu klein für uns alle und in dieser Hitze wird es darin für ihn ein Quälerei sein."
Ich hätte was dazu sagen können. Aber Hunde sagen überhaupt nichts und müssen den Mund halten. Also, die Schnauze halten! So gehört es sich. Aber die haben über mich geredet, über mein Schicksal. Über mein Leben und meinen Tod, und ich musste meine Schnauze halten. Wie bitte?
Ja, so ist das, dachte ich mir. Ich muss zu einer Hundepension gehen, nur damit ihr euren schönen Urlaub machen dürft? Das gibt es gar nicht, es ist genau dasselbe, als wenn man sagt. Unser Kind muss zuhause allein bleiben, weil wir ungestört Urlaub machen wollen. Ist das nicht so? Ist sowas schön? Was meint ihr dazu?
Klar, das ist doch nicht schön, es gibt Leute, die lassen ihre Hunde auf dem Parkplatz auf der Autobahn und fahren weiter. Ein "Hund-Kollege" von mir ist auf diese Weise gestorben, er ist dort auf der Autobahn allein gelassen worden und versuchte dem Auto hinterher zu laufen, und so war alles schnell vorbei für ihn. Aber es war nicht zu fassen,

dass ich zum Urlaub nicht zusammen mit meiner Familie gehen konnte. Also, liebe Leute, ich habe auch das ganze Jahr hier im Haus gearbeitet, ich war Babysitter, ich war euer Bodyguard, ich war oft allein im Haus und schaute, dass keine Diebe reinkommen und jetzt fahrt ihr ohne mich weg? Abwarten, was ich in der Pension anstellen werde. Ich werde der frechste Hund der Welt sein. Hoffentlich gibt es dort ein paar schöne Zuckerpuppen. Klar, Fernsehen muss auch dabei sein. Sonst kommt es gar nicht in Frage, mindestens das Ambiente einer 4-Sterne-Pension muss das sein. Klimaanlage und alles das, was ein Gentleman braucht, es muss all inclusive sein. Ist das zu viel verlangt? Ich bin der Benny und werde nicht mit irgendeiner Absteige zufrieden sein.
"Aber, was kostet denn dieser Spaß, was kostet diese Pension?", fragte Eva besorgt?"
Ja, ich habe schon verstanden. Sparen und sparen, am Schluss würde ich bestimmt in einer Absteige landen. Meine Chefin antwortete:
„Ach …! Das ist nicht so teuer wie ein Hotel, wir werden das schon zahlen können."
„Mama …", meldete sich die Tochter, die alles wusste. „Mama, Karin hat ihren Hund für drei Wochen in einer Pension gelassen, nach drei Wochen war er tot, vorher war er voll in Ordnung, voll gesund."
Mein Gott, was für ein Schicksal wartet auf mich, dachte ich schon. Ja, der Freund ist gestorben, das ist eine tolle Aussicht für mich. Aber ich werde nicht sterben, meine Liebe, ich werde eher ein paar dort umbringen, wenn welche von diesen Kötern nicht genau aufpassen. Das verspreche ich euch, und die Tochter fuhr weiter fort. Ich habe gehört, dass in manchen Haustier-Pensionen die armen Tiere geschlagen werden. Man sagt, auch jede Menge Zecken gibt es dort, oft

werden die Hunde und Katzen schlecht behandelt Mama. Wir müssen das schon ganz genau überlegen."
Nein, das darf nicht wahr sein, ich werde geschlagen und bringe jede Menge Zecken mit nachhause? Das darf gar nicht passieren, mein Gott, ich hasse diese Zecken, daran kann man sterben. Klar, Hunde sind immun dagegen, aber was ist mit Eva und Tante Tina? Bei Tante Tina ist das doch überhaupt kein Problem, nicht mal eine Zecke will mal dran. Also: Das darf nicht wahr sein, was die mit mir machen wollen, die planen meinen Untergang. Ich war dermaßen durcheinander, dass ich einige riesige Pfützen los ließ. Klar, meine Pfützen stinken wie verrückt, wenn ich es tue. Das muss ich euch sagen, dafür bin ich ein Spezialist. Pfützen machen kann ich sehr gut. Mamamia! Porca Madonna!
„Raus Benny, pfui, du Schwein, siehst du nicht, dass wir essen? Komm, geh´n wir mal zum Garten, da kannst du alle Vögel mit deinen Pfützen abfeuern. Geh raus Benny, mein Gott das stinkt wie verbranntes Papier hier. Noch schlimmer. Was hast du denn gegessen, du Spaghettifresser?"
„Mann, das ging zu weit. Ich ein Spaghettifresser?"
Ich bin doch kein Italiener, ich mag Spaghetti, aber kann sowas nicht jeden Tag essen, manchmal muss schon eine Pizza her. Also, ich war im Garten und konnte überhaupt nicht mehr begreifen, wohin ich gehen sollte und wann. Ich wusste nur, es musste bald sein. Die Ferien waren schon angesagt. Hundepension! Das klingelte immer wieder in meinen Ohren, ich konnte in dieser Nacht gar nicht schlafen. Ich fragte mich nur, wie konnten die auf diese Idee kommen? Besser wäre es für mich gewesen auf dem Autobahnparkplatz gelassen zu werden, das wäre einfach gewesen, ruckzuck wäre ein Auto über meinen Körper gefahren, alles wäre vorbei gewesen. Das ist nicht zu fassen. Das ist doch einfach zum

Beißen, nicht zu fassen. Wartet bloß, was ich in dieser Hundepension machen werde, wartet bloß ...

„Benny ... komm, wir gehen spazieren," sagte die Tochter Eva zu mir.

Ich blieb still, sonst war ich eigentlich sehr schnell dabei, ich tat so, als wenn es mir nicht so gut gehen würde.

„Spazieren Benny, was ist los mit dir Junge? Hast du keine Lust mehr? Bist du beleidigt wegen der Hundepension?"

Sie hatte es voll getroffen, Kinder haben diese Intuition. Was sollte ich antworten? Dass ich damit nicht einverstanden war? Wir Hunde haben kein Recht, deswegen heißen wir nur Hunde und basta.

„Benny, hol deine Leine und wir gehen in den Wald. Komm schon, du alter Penner. Ma ..., ich glaube Benny ist doch krank, der ist ganz komisch. Hast du Fieber Benny"?

Dann fasste Eva meine Nase an, um zu wissen, ob mir warm war. Ich kann das Naseanfassen nicht haben, ich habe ihr schon oft gesagt, dass ich sowas nicht mag. Sie soll die Nase von ihrer Großmutter anfassen und nicht meine. Ich bin nicht krank, ich habe eine eiserne Gesundheit. Merk dir das, aber das ist eine gute Idee, ich werde so tun, als wenn ich krank wäre. Dann möchte ich sehen, wer zum Urlaub fahren will, Eva bestimmt nicht. Keiner will einen kranken Hund zuhause allein lassen oder in eine Hundepension stecken. Dann tue ich so, als wenn ich krank wäre, ich bleibe in meiner Ecke und warte, was die sagen.

„Ma ... Benny ist doch krank, er kann sich gar nicht bewegen. Was machen wir jetzt, so können wir nicht fahren."

Volltreffer! Das wollte ich hören, das waren die Zauberworte für mich.

„So können wir nicht fahren."

Die Hausbesitzerin, die verdammte Tussi, die mich in eine Hundepension stecken wollte, kam raus und rief mich.

„Komm Benny, ich habe was Leckeres für dich hier."
Sie kam raus mit einem tollen Stück Fleisch, das sehr, sehr gut aussah und ich Idiot, klar, Essen kann ich nicht widerstehen, dann stand ich sofort auf und ging schnell, um meine Speise zu fangen. In dem Moment als ich das Essen mit dem Mund gefangen hatte, sagte diese Frau zu ihrer Tochter.
„Siehst du, der ist doch nicht krank, der ist nur faul."
Sie hatte mich total reingelegt, ja, was kann ich sagen? Hunde machen auch Fehler. Ein großer Fehler in meinem Leben war, dass ich eben zu dieser Familie gekommen bin. Das war ein riesiger Fehler. Ich hätte dort bleiben soll, wo ich geboren bin, in einem schönen Bauernhof mit vielen Tieren und Kindern. Nein, man hatte mich überzeugt, hierher zu kommen. Das waren damals Worte, die mich überzeugten. So sagten die zu mir:
„Es ist eine sehr nette Familie Benny, die fahren oft in Urlaub, und die haben zwei süße Kinder." Süße Kinder? Als ich noch klein war, so wie ein Welpe, haben die beiden Kinder immer an meinen schönen Ohren gezogen. Einmal war ich wütend und habe meine Zähne schon gezeigt, da kam diese Frau. Diese blöde Pianistin sofort auf mich zu, sie sagte.
„Das tust du nicht wieder, du Bastard! Hast du das gehört?"
Das hörte sich scharf an.
Ich gebe zu, ich hätte sowas nicht machen sollen, ich würde die Kinder niemals beißen, aber ich hatte schon die Nase voll und hatte immer Ohrenschmerzen.
„Ok ... Benny, beweg deinen Fetthintern und geh mit Eva spazieren. Jetzt aber los."
Dieser Satz:
„Jetzt aber los!"
Den konnte ich auch nicht mehr hören. Mein Gott, was für

ein Hundeleben habe ich gehabt? Was müssen wir alles machen, nur um brave Hunde zu sein? Man muss alles auf sich nehmen und auch ertragen. Aber das Fleisch hat gut geschmeckt. Ich habe es schön in meinem Bauch aufbewahrt. Wir gingen raus, Eva war sehr ruhig und sagte zu mir.
„Benny, ich möchte nicht, dass du zu einer Hundepension gehst. Aber was soll ich machen? Mama hat es entschieden. Und sie ist die Chefin hier im Haus, einen Dickschädel hat sie auch! Ich kann nichts dagegen machen. Wir fahren weg für vier Wochen und wir können dich unmöglich mitnehmen."
Verpiss dich, du kleines Mädchen, ich bin nicht blöd, ich bin ein Hund, aber ich bin nicht blöd. Du machst alles mit, was deine Mama sagt! Warum sagst du sowas zu mir und nicht deiner Mama direkt ins Gesicht? Ja klar, du machst dir auch in die Hose, genau wie dein Papa und dein Bruder.
„Ja, wir könnten dich bei meiner Oma im Süden lassen, das wäre auch möglich."
Nein, mein Gott, zu deiner Oma gehen, nein! Dann wäre mir die Hundepension oder die Militärkaserne tausendmal lieber. Die Oma war nämlich dermaßen pingelig mit ihrem Haushalt. Nach drinnen durfte ich sowieso nicht kommen. Die Oma hatte nur eins im Sinn. Den ganzen Tag putzen, putzen und putzen, ohne Ende. Nein, da möchte ich nicht hin. Noch dazu dieser Briefträger, den ich nicht ausstehen kann. Oma musste dem Briefträger immer sagen, wenn ich da war: *„Der tut nix!"*
Ich tue NIX? Abwarten Oma, ich werde dir was zeigen. Eines Tages habe ich unseren Briefträger erwischt. Ich tat nur so, als wenn ich schliefe, dann kam er fröhlich mit seiner Scheißtasche und den Briefen, jeden Tag dasselbe. Er grinste wie ein frischgebackener Vater, ja, immer so blöd und schrie von Weitem.

„Guten Morgen allerseits. Oma, hier Liebesbriefe für dich."
Ah ..., das konnte ich wirklich nicht leiden, immer der gleiche Witz.
„Oma, Liebesbriefe für dich!"
Das war nur Werbung, die die Oma sofort in die Mülltonne warf. Eines Tages bekam sie einen Brief von ihrer Autoversicherung und drin war ein Scheck. Deshalb, weil sie das Jahr den Versicherungsbeitrag drei Mal bezahlt hatte, drei Mal die gleiche Summe für den gleichen Zeitraum. Die Versicherung war überzahlt worden und die guten Herren wollten die Differenz durch einen Scheck erstatten. Nun, die Oma dachte, es wäre wieder nur Werbung gewesen, und der Scheck landete auch in der Mülltonne, das Geld war weg. Sie war schon zu alt, wurde langsamer, und bei ihr im Kopf hat es nicht mehr so gut funktioniert. Manchmal sind wir spazieren gegangen, und die Oma war so lahm, dass die Schnecken uns überholten. Nach zwei Wochen bei der alten Dame habe ich fünf Kilos zugenommen. Das sage ich euch.
Ja, normalerweise sind Urlaube bei Oma so. Man nimmt immer zu. Bei mir war das genauso. Nicht weit weg von der Oma, da wohnt auch jemand, der Geige spielte. Der spielte so schlecht und wiederholte immer wieder dasselbe, jeden Tag und immer wieder von vorne. Das war noch schlimmer als bei Tante Tina im Wald, mit ihrem verstimmten Klavier, mit dem sie jeden Tag die Vögel im Wald quält, mit ihrem Mozart, Bach und Schumann, davon abgesehen von ein paar schrecklichen Kompositionen eines Brasilianers, der so wie eine Sau auf der Trompete spielt.
Immer wieder hatte der Geiger diese hohen Töne, die bei einem Geiger vorkommen, geübt. Ich frage: Könnt ihr euch vielleicht vorstellen, was für eine Quälerei solche hohen Töne für einen Hund sind? Und so habe ich mich entschlossen! Nein, definitiv, dort zu der Oma hinter „Pfui-

Teufel", mit diesem Geiger in der Provinz, werde ich nicht hingehen und wenn, werde ich sofort abhauen. Ich nehme einen Zug nach München und gehe dort in den schönen Parks spazieren. Oder egal wohin. Essen und hübsche Mädel gibt es überall, ich muss nicht immer bei der Oma bleiben. Noch dazu, ihre alten Geschichten anhören zu müssen ... Ja, jeden Tag dasselbe. Das ging mir auf den Wecker. Es klang immer etwa so:
„Oh ..., wie schön das war als Benny so klein war, und die Kinder haben so viel Spaß mit ihm beim Spielen gehabt."
Klar, dass ich schön war und schön geblieben bin. Oh, dieses Getue ging mir immer auf die Nerven. Das Essen war immer dasselbe. Jeden Tag Kartoffeln, Kartoffeln in allen Variationen. Kartoffelbrei, Bratkartoffeln, Kartoffelpüree usw. Nach einigen Wochen konnte ich keine Kartoffeln mehr sehen, so konnte ich natürlich nur zunehmen. Also, letztes Wort, zur Oma gehe ich nicht! Egal was ihr sagt. Da gehe ich nicht hin ... basta!
Ja, so gingen die Tage dahin und eines Tages war der Urlaub doch angesagt. Gepäck im Auto, Stress und Hektik wie immer und über mein Schicksal, also was jetzt mit mir geschehen würde, wusste ich nichts. Das Gerede mit der Hundepension war nicht mehr das Thema. Wollten die mir eine Überraschung bieten? Also, alles war im Auto, die Familie war laut und fröhlich wie immer. Ich bekam einige Zentimeter im Auto zum Sitzen, ich konnte mich gar nicht hinlegen. So ein Pech! Aber ich bin doch dabei, so dachte ich mir. Aber abwarten, liebe Freunde, was noch kommt.
„Benny, bis dorthin ist es nicht weit, reiß dich zusammen Alter, ok?"
Das Mädchen, die Eva, die hübsche Blondine, die gerade schlechte Laune hatte, sagte Alter zu mir, es wurde immer schöner. Wir fuhren los und plötzlich landeten wir ganz weit

weg auf dem Land und dort stand ein großes Haus, wie ein Bauernhof, wo man lesen konnte: Tierheim Heilige Catarina Als ich das sah, fragte ich mich.
Nein, dachte ich mir. "Soll ich in einem Tierheim bleiben, wo die Heilige Catarina auch wohnt?"
Was war los mit dem ganzen Gerede von Hundepension usw.? Sollte ich hier unter diesen Asozialen und Asylanten bleiben? Wo bleibt eure Menschlichkeit?
„Komm Benny, aussteigen, wir sind da."
Ich bin rausgesprungen und sah überall Kühe und Pferde, die mich komisch anschauten. Eine dicke Kuh nahm ich ganz genau ins Visier. Dann sagte ich mir:
„Die werde ich bei der ersten Gelegenheit antreiben. Ich werde mal in ihre Euter beißen, das verspreche ich euch. Da ist genug Milch für ein ganzes Bataillon dabei. Ich werde daraus frische Milch holen."
Nun, sobald wir ausgestiegen waren, kam uns ein großer Herr entgegen und grüßte die Familie ganz freundlich.
„Grüß Gott, da ist unser Kandidat ..." Er deutete auf mich. "Wie heißt er?"
„Benny!", antwortete Eva sofort.
„Servus Benny, willkommen bei uns. Benny? Ach ..., ein Cousin von mir hieß auch Benny. Der war schwul, und wie! Leider er ist schon gestorben! Das war, ja das ist diese Teufelskrankheit, die jeder bekommen kann. Ja, ja, das hat ihn teuflisch mitgenommen. Ihr wisst schon, was ich meine. Diese Krankheit von den Affen aus Afrika, die auf den Menschen übertragen wurde. Keine Ahnung, ob das stimmt, aber das behauptet meine Frau, sie denkt, sie weiß alles."
Ich dachte nur. Was sollte das sein? Der sagte zu mir.
„Servus und Grüß Gott", sind wir hier in Bayern, oder was? Seine Art zu reden gefiel mir nicht gut. Der hatte mir auf den Rücken geklopft, und an meinen dicken Ohren gezogen.

Scheiß Bauer, das tat mir schön weh, ich hätte ihm sagen können:
„Ich bin doch kein Pferd, du Penner".
Das wollte ich ihm gerade sagen. Aber er lachte wie ein Idiot und redete wie ein Papagei. Der redete weiter und weiter. Mein Gott.
„Das ist ein dicker Hund! Ja, der Benny ist fett, der wird hier ein bisschen abnehmen müssen. Ja Benny, Fasten und Sport ist ab sofort hier für dich angesagt."
Aha, ... was abnehmen? Der wollte nur Futter sparen, ich muss gar nicht abnehmen, ich habe meine tolle Form, meine tolle Figur und das schon seit meiner Geburt. Alle sind begeistert von meiner Linie. Sowas hätte ich doch diesem Trottel sagen müssen. Also, wir gingen rein und ich musste sofort zu meinem Quartier gehen, einem etwa sechs Quadratmeter großen Zimmer, alles offen, nachts würde es bestimmt eiskalt da sein. Hinten, vor dem Zimmer, gab es eine kleine Tür, so dass ich rauskommen könnte, zu den anderen Hunden. Ich dachte nicht daran mit diesen Läuse-Fängern und Zecken-Trägern Kontakt zu haben. Ich würde für immer hier bleiben und nicht unbedingt rausgehen. Aber ich hatte gesehen, dass wir doch getrennt waren, jeder Hund hatte ein Stück Garten, wo man alleine sein konnte, um nicht von diesen lauten Straßenkötern gestört zu werden. Schon nicht schlecht. Wer abends reinkommen oder draußen bleiben wollte, der konnte das selbst entscheiden. Das war keine schlechte Idee. Also, Platz war da mehr als genug für mich und eine schöne Blondine. Dann kam der große Abschied. Dieser Tag hat mein Leben sozusagen verändert. Ab diesem Tag war ich nicht mehr der alte Benny, ich war nur der Alte, der seine Familie verloren hat. Alles musste ich mitmachen, nur weil die verreisen wollten. Früher waren wir schon oft auf Reisen, zum Beispiel waren wir in Italien,

Holland, Belgien und sogar in Spanien zusammen. Nun, jetzt hieß es. „Benny ist zu viel geworden."

Beim Abschied hatte Eva sehr viel geweint, die Chefin des Hauses, diese Tante Tina, war an dem Tag sehr kalt und schaute mich kaum an, sie wollte nur wegfahren, weil es schon zu spät war. Die ganze Familie stand da vor meinem Gitter und zwinkerte mich an. Ich blieb da allein, wusste nicht, was ich mit meiner Zeit anfangen sollte. Ich hörte nur das Motorgeräusch, das sich entfernt hatte und mir war klar, ein neues Leben hatte für mich begonnen. Ich war zutiefst verletzt und sehr traurig. So eine Traurigkeit habe ich nur damals gespürt, als ich meine Mama verlassen musste. Ich war noch sehr klein, wie schon gesagt, ich bin auf einem Bauernhof geboren und wäre dort geblieben, danach kam ich zu einer Familie mit vier Kindern und das konnte nicht gutgehen. Es hatte nicht lang gedauert, bis ich in eine Ecke geschoben wurde. Unsere Nachbarin, die Tante Tina, hatte sich um mich mehr und mehr gekümmert. Mit ihr kam ich sehr gut zurecht, das war meine Rettung. Nun, jetzt lässt sie mich hier und verabschiedet sich nicht mal richtig von mir. Mein Kummer war sehr groß. Stellt euch vor, wenn eure Familie in Urlaub geht und ihr müsst irgendwo in einer Zelle bleiben, wie in einem Gefängnis, kalt und ungemütlich. Dazu den ganzen Tag ein Lärm und ein Geschrei von anderen Hunden in deinen Ohren. Ist das schön? Und wo bleibt euer Spaziergang und das Abendessen zusammen mit deiner Familie, sowie alles was ein Zuhause bieten kann? Ich war zutiefst verletzt. Ich war traurig und legte mich hin, in eine Ecke und versuchte zu schlafen. Schlafen ist immer gut, wenn man Kummer hat. Kaum war ich eingeschlafen, kam der große Herr zu mir und schrie wie ein Verrückter in meine Ohren.

„Komm ... Bewegung! Beweg dich doch, du kleiner Mist-

Beller. Geh mal raus an die frische Luft. Na ..., los, ich muss deine Zelle mal putzen. Ich habe vorher keine Zeit dafür gehabt. Wird es bald oder muss ich das schriftlich machen? Hier ist kein Kindergarten, sei nicht frech, sonst bekommst du was zu tun mit meinem Schäferhund, er hat gern solche Schoß-Buben wie dich. Na ..., los! Mach, dass du wegkommst, bist du taub oder was? Hier bekommst du eine Erfrischung, da ist eine Tür, geh mal raus."
Kaum konnte ich was sagen, da spürte ich eine kalte Dusche auf meinem schönen und gut gepflegten Fell, der hatte mich mit einem Eimer voll Wasser nass gemacht. Das Wasser war sehr kalt und dadurch war meine Decke zum Schlafen auch nass geworden. Ich hatte keine Zeit mich zu wehren, oder was zu sagen, zum Beispiel:
„Ich werde meinen Anwalt anrufen. Ich werde euch anzeigen."
Er klopfte sehr laut mit einer Metallstange an mein Gitter, machte die Tür auf und bedrohte mich mit seiner beschissenen Metallstange.
„Da ist eine Tür, habe ich dir schon gesagt, geh raus zum Garten oder du bekommst es mit mir zu tun. Wird es bald du Stadt-Idiot-Hund?"
Was? Stadt-Idiot-Hund? Ich habe schon mitten in einem Wald gelebt, in einer Militärzone, wo kein Mensch reinkommen darf, und er sagt zu mir.
„Du Stadt-Idiot-Hund."
Der war wirklich ein primitiver Mensch, sehr aggressiv und er stank auch nach Kühen. Um keinen Ärger zu veranstalten, bin ich rausgegangen, ich stand draußen und hörte, wie er über mich schimpfte.
„Ich kenne die Rasse Berner Sennenhund, die sind alle gleich, die kommen alle von gut situierten Familien und werden verwöhnt, so viel wie es geht. Wenn die hierher

kommen müssen, denken die, sie sind was besonderes. Aber mit diesem Typ da draußen, mit dem komme ich schon zurecht ..."
Ich konnte sowas nicht hören und plötzlich war ich drin in einer Zelle, wo er geputzt hatte und veranstaltete einen Skandal. Der blöde Typ hatte vergessen, die kleine Tür unten zuzumachen, bei dieser Gelegenheit kam ich plötzlich rein und zeigte ihm meine Zähne. Logisch, mir war klar, dass er eine Metallstange bei sich hatte, da musste ich schon voll aufpassen. Und genauso war es. Er kam zu mir, voller Wut, versuchte mich mit der Metallstange zu treffen, ich wich aus und biss ihm in den dicken Hintern, ich hörte nur ein Geschrei.
„Hilfe, Hilfe ..."
Also, der große Mann war plötzlich klein geworden. Ich war plötzlich der Größte in diesem Raum. Er war so durcheinander, dass er nicht mal die Ausgangstür fand, er stand da und schaute mich so genau an, als ob ich eine Giftschlange gewesen wäre. Das bin ich auch, aber nur wenn es sein muss. Benny, die giftige Schlange. Sofort kamen die anderen, zogen den Dicken raus und ich blieb allein in meiner Zelle.
„Du verdammter Straßen-Köter. Du bekommst in den nächsten drei Tagen kein Futter mehr, das verspreche ich dir."
Kein Problem, sowas könnte ich ihm sagen, ich muss sowieso abnehmen, Fasten ist gesund. Auf euer Futter kann ich auch verzichten. Also, ich hatte dieses Tierheim schon satt, ich wollte mal rausgehen, im Wald toben und hinter wilden Tieren herrennen. Ich ging nach draußen, um ein bisschen Frischluft zu schnappen. Da draußen waren hunderte von Hunden, unterschiedliche Rassen und Herkünfte. Viele waren schon prädestiniert dazu eingeschläfert zu werden. Die meisten waren da wegen Scheidungsproblemen.

Viele Familien lassen sich scheiden, und am Schluss kann keiner von den Partnern das Tier halten. So landen wir dann in einem Tierheim und mit der Zeit werden unsere Genossen eingeschläfert, denn das Tierheim kann einen Hund nicht ewig als Gast behalten. Das kostet Geld! Und bei den Menschen regiert das Geld die Welt. Als ich nach draußen kam, hörte ich, dass alle anderen Hunde nach meinem Namen riefen.
„Benny, Benny, Benny."
Ich fühlte mich wie ein Fußballspieler im vollen Stadion, ich fühlte mich wie Maradona. Die haben alle mitbekommen, wie ich mit dem Dicken richtig fertig geworden bin und ich war plötzlich wirklich der Held unter allen, in diesem stinkendem Tierheim. Neben mir war ein Schäferhund, ein Genosse, der früher mal ein Polizeihund war. Der war mir von vornherein sehr unsympathisch.
Alle haben mir gehuldigt und der da, dieser Stinker-Nachbar hatte mich nur komisch angeschaut und sagte mir nicht mal guten Tag.
„Mit dir werde ich schon fertig, Alter. Warte bloß!!!"
So was sagte er sofort zu mir. Wir kannten uns gar nicht und er hatte sich schon entschlossen sich mit mir anzulegen. Wo gibt es sowas?
Ich dachte hier wäre ein Tierheim und nicht ein Altersheim.
"Was ist Opa, du Schnupfer, die Polizeizeit für dich ist schon vorbei, mach hier Platz, bleib da, wo du bist, dann geht alles in Ordnung. Komm mir nicht zu nahe, verstanden? Wir wollen hier keinen Bullen, der denkt, er könne uns was sagen und unser Leben bestimmen. Halt's Maul, du alter Polizist. Zieh Leine, sonst werde ich dir zeigen, was ich in den Hunde-Verteidigungs-Kursen gelernt habe."
Kaum hatte ich das gesagt, machten alle anderen Hunde so einen Krach, dass der alte und dicke Mann sofort zurück-

kam und über uns schimpfte. „Was für ein Krach ist hier? Ruhe, der Grund dafür ist bestimmt dieser alter Fettsack, der Benny, du bist hier kaum ein paar Stunden und machst schon Ärger, du bringst unseren Laden durcheinander. Ich werde dir noch zeigen, wer hier der Chef ist."

Der ging raus, machte ein kleines Tor auf und plötzlich war sein Schäferhund in meinem Revier. Also, das war in erster Linie mein Bereich. Egal, ob er ein Bulle war oder nicht. Das war mein Revier. Ich tat so, als ob ich ihn nicht gesehen hätte, ich ließ ihn zuerst reagieren. Er zeigte mir seine schönen Zähne und ich meine auch. Wir nahmen Abstand voneinander. In den Verteidigungskursen haben wir gelernt, den Gegner erst zu beobachten, um seine schwächste Stelle zu erkennen. Ich musste ihn nicht allzu lange anschauen, um zu wissen, dass er ein kleines Hindernis in seinem linken Bein hatte, außerdem hatte er einen ganz schiefen Rücken, wie ihn viele Schäferhunde haben. Das bedeutete, Schmerzen ohne Ende. Also, den schwachen Punkt hatte ich sofort erkannt. Ein Zahn in seinem Mund war kaputt, das bedeutete, dass er schon sehr alt war. Ich war noch ein junger Bursche, also ich musste ihn erstmal müde machen und dann konnte ich loslegen. Er kam zu mir und ich rannte weg. Es war Platz genug da. Er bellte wieder, zeigte seine gefährlichen Zähne und ich machte ihm das Leben schwer, indem ich hin und her rannte. Er sollte müde werden, ich musste ihn schon schlapp machen, bevor ich ihn angreifen konnte. Das war mir klar. Der rannte mir einige Minuten lang hinterher und konnte mich nicht fangen, danach war er schon außer Atem. Zum letzten Mal versuchte er mit aller Kraft, wie nie zuvor, mich zu fangen. Ich rannte sehr schnell einer Wand entgegen, kurz davor sprang ich nach hinten, so traf er mit seiner Schnauze allein gegen die Wand, ohne, dass ich was gemacht hätte. Im dem Moment musste ich nur zupacken, ich ging an seine verletzten Beine und biss dreimal kräftig zu. Er erwischte meine Ohren und Blut kam raus, aber bewegen konnte er sich nicht mehr. Er schaute mich mit einem Mitleid heischenden Gesicht an. Da tat er mir leid, er stand vorsichtig auf und ging zu seiner Zelle zurück, knurrte mich dabei an. Ich hatte ihn besiegt, dadurch war ich sofort der Chef da drin. So ist es bei uns in den Hundehierarchie. Es tat mir leid, als ich sah wie er mit Mühe lief. Der war schon ein alter Mann, aber nicht mal als ein alter Mann hatte er gelernt, was Respekt für einen anderen Menschen bedeutet. Wenn jemand sich so benimmt, wie er es getan hatte, bekommt er immer irgendwann eins auf die Fresse. Klar, hinter den Zäunen jubelten alle. Ich war wirklich ein Vorbild für alle dort. So gingen die ersten drei Wochen in dem Tierheim vorbei. Bei einer Gelegenheit konnte ich rausgehen. Als der Putz-Mann in meiner Zelle war, fand ich eine Möglichkeit um rauszugehen. Eben, ich hatte es schon auf diese dicke Kuh vom ersten Tag abgesehen. Sie hatte mir nichts getan, aber ich konnte sie nicht leiden. Ich musste mal hin und ihr richtig eins auf die Fresse verpassen. Sobald ich frei war, rannte ich den Kühen hinterher und veranstaltete ein Theater. Ich bellte und rannte hin und her, die dicke Kuh rannte mir hinterher und das machte mir Spaß, es dauerte nicht lange, bis alle Kühe den Zaun durchbrachen und plötzlich waren alle weg, in der ganzen Gegend verstreut!

„Nein, das muss dieser Benny sein! Ich kann es nicht fassen, dieser Hund ist ein verdammter Hund, das ist ein dicker Hund. So was habe ich hier noch nie erlebt. Flora, geh mal hin und hol Benny zurück," ordnete der alte Mann an.

Flora war ein Mädchen, das dort gearbeitet hatte, sie war von vornherein sehr nett zu mir. Sie kam zu mir und ich habe ihr gehorchen müssen. Sie legte die Leine auf den Boden, saß da und wartete, dass ich näher kam. Ich ging hin und sie streichelte sehr zärtlich über mein Fell. Das tat mir gut. Endlich war ein Mensch in diesem Haus, der nett zu mir war.

„So was macht man nicht, Benny. Was ist los mit dir, du hast bestimmt Sehnsucht nach deiner Familie, nicht wahr? Aber die kommen bald zurück. Du musst nur warten. Die werden schon kommen! Es gibt hier schon Leute, die zu uns kommen mit ihrem Haustier, es hier lassen, ein bisschen Geld zahlen, geben aber eine falsche Adresse an und kommen nie wieder zurück. Der Schäferhund zum Beispiel, der lebt hier seit ein paar Jahren, wir dürfen ihn nicht weggeben oder einschläfern lassen, weil er früher bei der Polizei war, aber keiner kümmert sich mehr um ihn. Keiner! Die anderen Hunde haben auch keinen Kontakt zu ihm. Du warst der erste, der wirklich Mut gehabt hat ihm die Zähne zu zeigen, das hat seinen Stolz verletzt. Aber das war gut so. Jetzt ist er degradiert worden, hat gar nichts mehr da drin im Stall zu sagen. Hier herrscht eine Gefängnisordnung, genau wie bei den Banditen in Brasilien. Es gibt da drüben ein Gefängnis, das heißt Canrandirú. Wer da reinkommt, der lernt, was die Hölle ist. Mein Onkel war Polizist in Brasilien, er ist von Deutschland nach Brasilien ausgewandert. Das ist schon viele Jahre her. Ich selber komme aus Italia. Ja Benny, du bist schon ein guter Hund und viel zu intelligent für einen Hund, aber versuch dich ein bisschen hier bei uns anzupassen. So wird das Leben für uns hier leichter und für dich auch, in drei Tagen kommt deine Familie zurück, ich verspreche dir, bis dahin werden wir jeden Tag einen Spaziergang machen. Hast du schon die Hunde-Babysitter in Buenos Aires gesehen? Die laufen mit bis zu 15 Hunden überall in der Stadt rum. Die Hunde werden alle an eine

Kette gebunden und die laufen stundenlang hin und her, damit die Tiere ein bisschen Bewegung bekommen, manchmal sogar den ganzen Tag. Am Abend bringen sie die Hunde zurück zu den Besitzern. Ich war dort, mit meinem Papa. Es ist toll zu sehen, wie die Hundesitter gut mit den Hunden umgehen können, die sind ganz nett und sehr lieb zu den Tieren. Sie werden ebenso respektiert. Ich sah einmal einen Hundesitter mit zehn Hunden, die saßen alle in einem Park und genossen das Leben. Das ist einmalig auf der ganzen Welt. Die Argentinier sind schon erfinderisch und auch ganz nette Leute. Ich würde gern dort leben."

Mein Gott, dieses Gespräch mit Flora hatte mir gut getan, ich war froh so jemanden kennenzulernen, jemanden mit Herz und Verstand. Sie war eine Latina, sie wusste von vornherein, was ich in meinem Herzen spürte. Ich danke Gott dafür.

„Benny, da kommen die Kühe zurück, jetzt lässt du die in Ruhe. Ok? Es ist schon gut, dass die alleine zurückkommen, sonst wäre unser Chef ausgeflippt. Weißt du was der Chef gesagt hat?"

„Hier zu uns kommt dieser Benny nie wieder, ich verspreche es dir. Und alles was er getan hat, wird auf die Rechnung gestellt. Verdammter Köter, verdammter Schoßhund."

„Ja ... Benny, bei ihm hast du sofort schlechte Karten gezogen. Das hat er deutlich gesagt:

„Hier kommt er nicht mehr rein".

Ich habe mich gefreut, das zu hören und meine Freundin aus Italien sprach weiter zu mir.

„Weißt du was, Benny? Wir machen einen langen Spaziergang heute. Sowas ist nicht erlaubt. Aber ich bin bald sowieso nicht mehr hier. Ich bin hergekommen mit einer anderen Vorstellung von einem Tierheim, bei diesem Menschen geht es nur ums Geschäft. Weißt du? Deswegen gehe ich

weiter. Ich suche mir woanders ein neues Leben. Der Horizont ist weit genug und ich brauche für mich meinen eigenen Horizont. Vielleicht sehen wir uns nicht wieder, wenn du weggehst. Ich sage dir schon jetzt Benny. Leb wohl, es war toll dich kennenzulernen. Du bist ein geiler Hund".
Wir sind spazieren gegangen, es war toll, der Abend war angebrochen und wir liefen durch einen wunderschönen Wald. Am Abend waren wir müde. Flora und ich haben unter einem Baum geschlafen, sie umarmte mich sehr fest, um sich zu wärmen, wir sind da bis morgens früh geblieben. Die Sonne am Himmel strahlte sehr stark.
Wir sind aufgestanden, nicht weit weg war ein Fluss, ich habe genug Wasser getrunken und Flora hat sich zurecht gemacht. Ich schaute sie sehr zärtlich an und sagte zu mir. „Jetzt kann ich meine Freiheit in Anspruch nehmen." Als sie nicht aufpasste, ich von der Leine los war, rannte ich weg, ich wollte zurück nachhause, zurück zu meiner Familie. Egal, ob die wieder nachhause zurückgekommen waren oder nicht. Ich wollte nur zurück zu denen. Ich hätte einfach vor der Tür gewartet. Ich rannte weg und Flora schrie nach mir. Es war schon zu spät. Ich war schon sehr weit weg.
„Benny, Benny, warte auf mich."
Ja, ich war weg, ich wusste nicht wohin, aber ich war weg. Bestimmt würde die arme Flora jede Menge Ärger im Tierheim wegen mir bekommen, aber ich musste fort. Ich habe mir von meinem Hundeinstinkt zeigen lassen wohin. Die Straße, auf der wir gekommen waren, habe ich wie durch ein Wunder wiedergefunden. Ich wusste, dass ich sie entlang laufen musste, es gab sehr viele Autos, bald würde bestimmt die Polizei versuchen mich zu fangen, da musste ich schon achtgeben. Ich lief den ganzen Tag, ohne Pause, ich wollte nur nachhause, zum Glück hatte ich eine gute Kondition, den ganzen Tag und die ganze Nacht bin ich

gelaufen. Mit Gottes Hilfe war ich am dritten Tag kurz vor meinem Ziel. Aber ich konnte fast nicht mehr, ich hatte Hunger und Durst, unterwegs hatte ich nichts gegessen und nur einmal Regenwasser getrunken. Auf einmal hörte ich weit weg wilde Ochsen, die sind manchmal sehr laut, wenn die kämpfen. Dann wusste ich, jetzt bin ich nicht mehr weit weg von zuhause, von da an konnte ich mich sehr gut orientieren und so ging es. Ich kam nachts zu meiner Haustür, da konnte ich mich nur hinlegen, ich sah wirklich aus wie der letzte Penner. Müde und schmutzig von der Strapaze. Ich musste nur warten, bis meine Familie kam. Am nächsten Tag war immer noch niemand da, ich wartete und wartete, nach zwei Tagen, erst nachts, als ich fast keine Kraft mehr zum Aufstehen hatte, da hörte ich plötzlich eine bekannte Stimme.

„Nein, Benny ist da, er ist alleine nachhause gekommen."

Das war die Stimme von Eva, die mich in ihre zärtlichen Arme nahm und weinte ohne Ende.

Mein Gott, ich war fix und fertig, aber ich war wieder zuhause und glücklich. Unterwegs war ich fast von einem Laster überfahren worden, aber Gott wollte nicht, dass ich sterbe. Es war schön wieder zuhause zu sein. Das hatte mein Leben von Grund auf verändert, ich glaube in diesen Tagen hatte ich vieles gelernt. Ich war reifer geworden und lernte auch alles was wir haben nun wertzuschätzen. Für mich war klar, eine Familie zu haben ist schon was Tolles, und wenn man eine hat, sollte man sie mit allen zehn Fingern festhalten. Ich habe gelernt, was Kummer bedeutet, ich habe gelernt, was Gott wirklich bedeutet. Ohne mein Vertrauen zu Gott hätte ich niemals den bösen Schäferhund besiegen können, oder den großen Herrn im Tierheim, der mir was verpasste, so dass ich fast starb. Gott wollte doch, dass ich zu meiner Familie zurückkomme und für immer da bleibe. Ich

wurde niemals wieder in ein Tierheim oder eine Hundepension gesteckt. Ich danke meinem lieben Gott dafür, denn ein zweites Mal hätte ich dort nicht mehr überleben können. An alle Hunde der Welt, vertraut eurem Chef, der Herr des Universums ist und übergebt ihm all euren Kummer, denkt daran! Euer Karma, eure Handlungen führen euch zu eurem Schicksal. Seid gute Hunde, besser als ich es jemals war. Dafür war ich immer viel zu frech, aber das machte auch Spaß. Ein bisschen frech muss man schon sein. Sonst ist das Leben zu langweilig. Oder? Was denkt ihr, meine lieben Kinder? Passt gut auf euch auf.
Euer Benny!

IX Alte Knochen

Es gibt viele Menschen
Die ein Hundeleben führen.
Die rennen
Verdorbenen Knochen hinterher
Verstecken sie unter der Erde
Und denken, sie eines Tages
Genießen zu können.

So gehen die Jahre vorbei
Und von allem bleiben nur
Alte Knochen übrig, die man
In den letzten Jahren seines Lebens
Noch kauen muss.

Lebt im Jetzt
Und sorgt euch nicht
Wegen morgen ...
Dafür wird Gott schon sorgen!

Alte Knochen
Unter der Erde zu vergraben
Mit der Absicht sie eines Tages
Genießen zu können
Ist nicht der wahre Sinn des Lebens.
Das Leben fängt jetzt an
Alte Knochen werden nicht besser.

Seid nicht wie ein Hund
Der nichts anderes tut als,
Für sein tägliches Essen zu beten,
Führe nicht dein Leben
Wie ein Hund.

Wo Gott ist, brauchen wir
Keine alten Knochen zu verstecken
Und keine Angst zu haben
Dass es am Morgen danach
Nichts zu beißen gibt.

„Benny im Zoo"   Acryl 40x50 cm   © D. Braz

X Sonntag im Zoo

Die Nacht war stockdunkel und ich musste bei Freunden meiner Familie übernachten, weil die eine Party veranstalteten, mit Feuerwerk und diesen ganz blöden Sachen, die die Tiere mit zwei Beinen und langen Nasen, also sozusagen die Menschen, gern haben. Solcher Lärm passt uns Tieren ganz und gar nicht. Wir laufen auf vier Beinen, aber wir sind sehr klug. Bestimmt klüger als die Genossen, die ich kenne. Ja, diejenigen, die auf zwei Beinen laufen, denken manchmal nicht weiter als die Affen. Wenn man schon über Affen spricht, ich würde sehr gern wieder einmal zum Zoo gehen. In Münster, in Nordrhein-Westfalen, gibt es einen ganz tollen Zoo. Ich war da schon zweimal. Bei dem letzten Besuch bin ich einigen dummen Hühnern hinterher gelaufen und seitdem habe ich auch den Zoo verboten bekommen. Ja, dort bin ich eine persona non grata. Für immer, das juckt mich gar nicht! Als wir dort waren, schrien diese Hühner immer wieder in meine Ohren. Wir machten eine Pause, also die Herrschaften, die bei mir waren, tranken schönen Kaffee, was nicht unbedingt gut für die Gesundheit ist, die Kinder bekamen Coca Cola und Eis, also von Ernährung hatten die keine Ahnung. Aber Kinder mögen sowas! Das sagte Tante Tina damals. Ich darf das nicht, für Hunde ist das auch nicht unbedingt gesund. So leben die Tiere mit zwei Beinen und langer Nase, sie genießen das Leben ohne Ende. Was nicht für Hunde gesund ist, kann auch für die Menschen nicht unbedingt gut sein. Oder? Egal! Das Leben ist kurz und die Leine auch nicht zu lang. Also, lasst mich das bitte weitererzählen. Wir waren da gemütlich in einem Restaurant und etwa 50 Meter von uns entfernt gab es ein paar komische Tiere, die auch auf zwei Beinen liefen. So nah hatte ich sie niemals gesehen, es waren Truthähne, Hühner und Enten. Alle fröhlich beisammen, die waren bei dem Zoo angestellt und mussten sich da wie blöd den ganzen Tag lang präsentieren. Aber Geld dafür haben sie nicht bekommen. Eine Sauerei ist das! Ja, diese Federgestalten haben uns sehr kritisch angeschaut. Es waren auch einige andere Hunde, außer mir, im Zoo und jedes Mal kam irgendein Genosse und wollte mich beschnuppern. Solche Sachen mag ich nicht, das hab ich wirklich nicht gern. Meine Chefin sagt, dass ich fast als Mensch geboren bin. Sie meint noch dazu, dass Gott sagte, als ich kurz vor meiner Geburt war: "Nein, der Benny bleibt ein Hund, das was er schon einmal auf der Erde." Eigentlich sollte ich als Mensch auf die Welt kommen. Aber Gott hat im letzten Moment seine Meinung geändert, nun bin ich geboren worden, halb als Mensch, halb als Hund. Das ist die Erklärung von meiner Chefin. Und ich wiederum sage zu ihr. Sie ist halb als Äffin und halb als Mensch geboren, sie sollte als Affe auf die Erde kommen. In letzter Minute sagte Gott da: "Stopp! Nein, sie darf als Mensch auf die Erde kommen," es war fast zu spät. Ja, und so ist Tante Tina halb als Affe und halb als Mensch auf die Erde gekommen. Pech für uns! Ich sage das nur, um sie zu ärgern, eigentlich ist sie ganz okay zu mir. Wir lieben uns sehr und insofern dürfen wir solche Scherze mit uns machen. Ja, damit kann ich sie sehr ärgern, das tut mir gut. Klar. Warum soll ich umsonst den ganzen Tag ihre CDs und Klaviermusik anhören, ein bisschen Ärger tut gut. Wir ärgern uns gegenseitig, aber böse aufeinander, wirklich böse, sind wir niemals. Klar, ich bin stärker als diese 1,86 m große Frau, die sogar im Sommer mit Wärmflasche ins Bett geht und schnarcht wie ein Löwe, wenn sie schläft. Außerdem pennt sie manchmal im Sitzen. Ja, sie schläft im Sitzen und lässt die Augen dabei offen. Habt Ihr sowas schon gesehen?

Nein, bestimmt nicht! Ja, sie hatte neulich ein neues Auto gekauft, ein ganz tolles rotes und sie sagt:
„Es passt gut zu meiner Seele."
Aber bei den Linken ist sie nicht, sie ist doch nicht für eine bestimmt politische Partei. Rot ist die Farbe der Sonne, sagt sie. Wenn ich draußen bin, sehe ich die Sonne in Gelb. Aus starkem Gelb scheint mir die Sonne zu sein. Aber sie meint, die Sonne wäre rot. Also, Frauen haben immer Recht und ich werde über so etwas nicht mit Weibern diskutieren. Bringt gar nichts! Ja, ich erzähle weiter. Wir saßen da gemütlich im Café und diese Balla-balla-Hühner waren da. Alle fünf Minuten holen sie ganz tief Luft und legten los. Kikiriki ... Kikiriki ... Mein Gott, das tönte in meinen Ohren wie ein Hammer. Jedes Mal sagte ich zu denen.
„Verdammte Hühner, haltet das Maul."
Aber sie konnten es nicht lassen. Sie waren die Einzigen, die zu dieser Uhrzeit singen mussten. Ist das die Tochter von Pavarotti?, fragte ich mich. Die abgemagerten Hühner ließen nicht locker. Meine Leute haben dann gegessen, getrunken und meine Chefin bestellte plötzlich einen „Latte Macchiato". Ich dachte mir. Jetzt kommen die Kinder und wollen wieder ein Eis, der Freund vielleicht noch einen Kaffee. So ging der Tag rum. Wir saßen da wie ein paar Idioten, die nichts zu tun hatten. Ich hatte bei mir zuhause jede Menge zu tun. In erster Linie musste ich viel schlafen, ich hatte noch Stunden und Stunden Schlaf nachzuholen und das konnte ich nur in Ruhe zuhause machen. Außerdem musste ich kontrollieren, ob unsere Nachbarin richtig im Garten gearbeitet hatte. Das ist eine alte Dame mit stolzen 86 Jahren, die jeden Tag in Garten ist und ihre Arbeit mit solcher Liebe macht, dass man nur neidisch werden kann. Ja, ich wollte nachhause. Tiere zu beobachten war nicht unbedingt meine Stärke. Was sollte ich mit diesen ganzen Affen

und Delfinen anfangen? Meiner Meinung nach sollte man alle zurück nach Afrika senden, dorthin woher die gekommen sind, oder woanders hin. Warum müssen die Tiere das ganze Leben hinter Gittern verbringen, nur damit wir Menschen und Hunde wie blöd hin und her laufen und Fotos machen? Tiere sehen können die Kinder sowieso, in Zeitschriften oder im Internet. Eigentlich war es für mich interessant solche komischen bemalten Pferde zu sehen. Die sahen alle sehr ähnlich aus. Bestimmt hatte das Zoopersonal jede Menge Arbeit gehabt, immer wieder diese schwarzen und weißen Streifen frisch zu malen. Das wäre eine tolle Arbeit für meinen Freund Reiner, aus Lingen, der so gut malen kann. Wirklich ein großer Meister auf seinem Gebiet. Dann erklärte Eva mir, dass die bemalten Pferde keine Pferde sind, sondern Zebras. Die Streifen hat niemand gemalt, sondern die kommen schon so auf die Welt. Ich stellte mir dann vor, ich, der schöne Benny, wäre als Zebra auf die Welt gekommen, voller Streifen. Alle meine Freunde würden über mich lachen und ich wäre nicht mehr der schönste Hund vom ganzem Land, sondern der größte Idiot von Handorf. Diese Hühner gehen mir auf den Keks, sagte ich ganz leise und verlor langsam meine Geduld. Dann, auf einmal, ich weiß nicht was mit mir los war! Ich befreite mich von der Leine, rannte weg wie ein Verrückter und machte einen riesigen Sprung. So war ich, ohne zu zögern, schon drin bei den Genossen mit zwei langen Beinen.

„Haltet das Maul, sage ich! Ihr verrückten Weiber. Wird es bald? Man kann hier nicht in Ruhe sitzen, ich werde euch entlassen, enthaupten. Kapiert? Egal woher ihr kommt. Ruhe, Ruhe, sonst gibt es bald Hühnerfrikassee, hier in diesem Saustall."

Also, ihr könnt euch schon denken was das für ein Skandal war. Ich packte den alten Onkel, diesen Hahn, der immer

gesungen hatte, am Hals und in wenigen Minuten war er schon für den Kochtopf bereitgestellt. Er hatte nicht mal Zeit Amen zu sagen, oder:
„Mea culpa, mea culpa, mea maxima culpa."
Ich habe diesen Schreier aus dem Verkehr gezogen. Schluss! Ja, tut mir leid, aber ich habe ihn zum Himmel geschickt. Was kann ich dafür? Ich bin, wie meine Chefin sagt, halb ein Mensch, halb ein Hund und in dem Moment war der Mensch in mir stark. Er fühlte so und in meinem Inneren explodierte es. Ja, ich hatte mich nicht beherrschen können. Ich hatte ihn noch mit meinen Zähnen hin und her geschüttelt, jede Hilfe kam zu spät. Dann hatten wir Ruhe, aber nicht unbedingt meine Chefin! Sie packte mich richtig am Hals, schrie mich an und brachte mich ins Auto. Egal, sagte ich mir. Unser Ausflug war zu Ende. Es gab jede Menge Diskussionen! Sowas hörte ich von weit her.
„Dieser Hund gehört in ein Irrenhaus aber nicht hier in den Zoo."
Ein anderer sagte:
„Dieser Straßenköter muss eingeschläfert werden, er ist ein Krimineller."
Ein älterer Herr aus der Nazi-Zeit bemerkte:
„Lass ihn mal los und mein Boxerhund wird ihm was zeigen."
Ich hatte plötzlich einen Fan-Club gewonnen, alle wollten Autogramme von mir haben, sogar der Zoodirektor. Geil, das war richtig geil. Positiv denken ist alles im Leben. Wenn die mich zwischen die Finger bekommen hätten, dann wäre ich nicht mehr hier, sondern bei Petrus auf dem Altar. Dann wäre ich schon Hühnerfrikassee geworden, zum Glück war ich ganz gemütlich im Auto und genoss diesen menschlichen Skandal, der sehr oft und schnell immer wieder vorkommt. Die Diskussion nahm kein Ende mehr, meine Chefin

hatte auch ein Hausverbot bekommen, sogar die Polizei war da. Ja, in Deutschland geht ohne Polizei gar nichts. Sogar wegen einer banalen Hühner-Streiterei mit einem Hund muss die Polizei kommen, um alles zu protokollieren. Aber die Gangster und Drogenhändler laufen frei auf den Straßen herum, das ist ganz genauso wie in Brasilien. Ich frage mich, warum so viel Aufregung? Geht morgen zum Supermarkt und holt ein paar von diesen zweibeinigen Genossen und tut sie mal in den Zoo, damit die Leute was zu sehen haben. Keiner wird den Unterschied merken. Egal ob sie braun oder weiß sind, keiner würde merken, ob die Hühner aus Afrika oder aus China kommen. Keiner! Aber nein! Es war so ein Theater wegen dieses Hühner-Sängers. Klar, für die Leute, für die Zoobesucher, war ich plötzlich der Mörder und sollte in der "Bild-Zeitung" am frühen Morgen abgebildet werden. Keiner kam zu mir und sagte:
„Benny, das hast du gut gemacht. Es war schon richtig, was du getan hast. Dieser alte Hahn hatte keinen Respekt anderen Leuten gegenüber, er sang den ganzen Tag. Gut gemacht, mein Junge! Jetzt haben wir Ruhe hier im Stall. Gut mein Junge, morgen kommst du zu mir nachhause und ich werde dir meine Schwiegermutter vorstellen, vielleicht kannst du auch bei uns Ordnung schaffen."
Na, die Zeit ging rum und meine Familie kam dann zu mir, keiner schaute mich an.
„Was ist los?", wollte ich fragen. "Ist jemand gestorben, außer diesem blöden Hühnerfrikassee?"
Ja, ich war plötzlich der Mörder der Familie und sollte am besten bei der Polizei abgegeben werden. Okay, nichts wie hin, bringt mich hin und die Sache ist erledigt. Warum tut ihr das nicht? Aber dieser Hahn wird nicht mehr in meinen Ohren singen. Das verspreche ich euch, nächstes Mal komme ich gar nicht mehr mit, um wie ein Trottel hin und her zu

laufen. Nur um bemalte Pferde zu sehen, diesen blöden Zebras und den Affen Bananen zuzuwerfen. Affen, die nicht mal richtig von einem Baum zum anderen springen können. Was für ein mieser Zustand ist das? Ich kann zuhause bleiben, geht ohne mich, kapiert? - So ist das! Ist das klar? Mit mir nicht mehr. Ich kann zuhause alleine bleiben, Hauptsache das Fernsehen bleibt an.
Aber die haben tagelang gar nichts gesagt, das nervte mich. Dieses Schweigen von Menschen kann ich nicht haben, die reden manchmal wie ein Wasserfall und wenn etwas passiert, dann sprechen die gar nicht mehr. Sogar auf der Straße grüßen die sich nicht mehr, und dabei waren die davor "Mega-Freunde" gewesen. Nein, dies konnte nicht plötzlich der Grund sein dafür, dass auf einmal alle gegen mich waren, Warum? Nur wegen dieser abgemagerten Hühner? Was soll das? Die müssten froh sein, dass ich nicht einigen von diesen eingebildeten Truthähnen den Hals abdrehte. Außerdem müssen die froh sein, dass die nicht auch in dem Kochtopf gelandet sind. Ich hätte mit einem Sprung noch ein paar mehr von denen aus den Verkehr ziehen können. Nun, ich habe mich beherrschen können! Meine Sache, mein Problem war nur dieser Hühner-Boy, dieser Sänger, die anderen waren in Ordnung.
"Ich sage euch Kinder," sprach die Chefin, Tante Tina, verärgert. "Ich habe für diesen alten Hahn 300 Euro zahlen müssen, außerdem bekommen wir deswegen noch eine Anzeige. Dieses Geld werde ich nicht allein bezahlen, sondern es wird von eurem Taschengeld abgezogen. Ist das klar? Ihr habt nicht aufgepasst. Benny hatte keine Schuld daran, er ist nur ein Hund, der nicht denken kann, aber ihr seid erwachsen genug, um zu wissen, dass man einen Hund, egal ob Benny oder einen anderen Hund, nicht aus den Augen lassen kann. Ich möchte keine Diskussion darüber hören."

Aber die Diskussion ging wochenlang weiter, wegen der 300 Euro, und wegen des Taschengeldes. Wer Schuld daran hatte und warum die Kinder es bezahlen sollten, juckte mich nicht. Wenn die gekonnt hätten, hätten die sogar meinen alten Knochen weggenommen, um diese 300 Euro für den Zoo zu bezahlen.

Nun, ich freute mich sehr, dass Tante Tina, die Chefin, mich in Schutz genommen hatte und sagte, dass ich keine Schuld daran hatte. Das war geil. Aber zu behaupten, dass ich nicht denken kann, da ich nur ein Hund bin, dazu hatte sie kein Recht. Seit wann kann ein Hund nicht denken? Wenn es so wäre, würden wir Hunde alle in die Hose machen und auch Erde fressen, anstatt gutes Essen zu genießen. Blöde Ausreden von Tante Tina, sie hat keine Ahnung, was ein Hund kann. Oder? Ob wir denken oder nicht, sie denkt vielleicht, wir kommen auf die Erde wie ein Baum und wir gehen zurück zum Himmel wie ein Esel. So ist das nicht. Vielleicht bin ich überdurchschnittlich intelligent, das kann wohl sein. Wenn es nicht so wäre, würde ich nicht da sitzen und so viele Geschichten aus meinem Leben schreiben, wie ein Blödmann, nur damit ihr was zu lesen in die Hände bekommt. Nein, so ist das nicht.

Also, der Tag war zu Ende, ich wusste, ich durfte nicht mehr zum Zoo und dieses Kapitel war für mich schon abgeschlossen. Dies dachte ich zumindest. Nun, am nächsten Tag ging alles wieder von vorn los. Am Frühstückstisch saßen die Kinder, die Chefin und sie stritten sich weiter. Die Kinder wollten nichts essen und wollten auch nicht in die Schule gehen.

„Ma, diese Scheiß 300 Euro zahlen wir nicht, ist das klar? Du hättest auf Benny doch besser aufpassen müssen. Wir werden das nicht von unserem Taschengeld zahlen. Papa, gibt

uns sowieso zu wenig Geld. Was soll das?"
„Doch, ich habe es beschlossen, so wird es gemacht."
„Also, dann suche ich mir einen Job und gehe nicht mehr in die Schule", sagte Eva.
„Ich auch, Mama", meinte der Bruder, der fast nie was gesagt hatte. Das liegt daran, dass er nach der Scheidung der Eltern beim Vater lebte. "So ist das Ma ..., ich werde dafür keinen Cent zahlen. Und wenn du uns kein Geld gibst, dann gehen wir arbeiten und Schule ade!"
Mein Gott, alles wegen eines abgemagerten Hahns. Wegen dieses alten Hühner-Onkels, den sowieso keiner sehen wollte. Vergiss es Mann! Aber die zweibeinigen Menschen, die können so was nicht vergessen, sie hauen immer und immer wieder auf die gleichen Tasten. Ich sage mir manchmal: Es ist nicht zu fassen, wie blöd sie manchmal sein können. Das darf nicht wahr sein. Wenn ich mich ärgere, esse ich eine Doppelportion, schlafe den ganzen Tag und für mich ist die Sache gegessen! Alles erledigt! Aber die nicht, diese Geschichte musste Stoff bis Weihnachten geben, genug Stoff für Diskussionen.
„Was meinst du Bernd?"
Bernd war der Chef der Familie. Zu sagen hatte er überhaupt nichts, sein Leben war das Fernsehen, diese Maschine, die die Menschen so viel Zeit im Leben kostet und sonst nichts. Er schimpfte ein paar Mal am Tag, schubste die Kinder mal, schlug sie sogar, wenn irgendwas nicht in Ordnung war, und das war alles, was er als Vatersein verstand. Sonst saß er gemütlich in seinem Sessel oder lag im Bett und die Welt war in Ordnung. Ein paar Mal pro Woche ging er in die Kirche, zu einer Versammlung von Jehovas Zeugen, das war alles. Er ging seiner Pflicht nach, arbeitete regelmäßig und versorgte seine Familie dadurch finanziell. Von mir, dem bösen und lieben Benny, wollte er gar nichts wissen. Ich

hörte nur sobald er nachhause kam:
„Schaff das Tier raus."
Ja, so nett war das nicht. Oft bin ich freiwillig rausgegangen, um seinen dicken Bauch nicht sehen zu müssen.
„Ma ..., wir werden diese 300 Euro von unserem Taschengeld nicht zahlen."
„Bernd, sag doch was, ich hab hier die beiden Zwerge am Hals und du sagst überhaupt nichts."
„Wo ist die Zeitung von heute? Schon wieder im Klo, ich habe schon gesagt, das Klo ist zum Scheißen da und nicht um Zeitung zu lesen. Mein Gott, das ist eine Sauerei, wenn man die Zeitung ins Klo mitnimmt, das kann ich nicht haben. Das kann ich wirklich überhaupt nicht haben."
„Da, hinter dir ist die Zeitung, die Zeitung ist nicht im Klo, aber sie ist in deinem Sessel. Du sitzt drauf, du Blödmann."
„Ich weiß nicht, Tina, was besser ist, die Zeitung im Klo zu lesen oder dein Mundwerk ertragen zu müssen."
Die Kinder nahmen solche Diskussionen gar nicht mehr wahr und fragten etwas anders, um von der Situation abzulenken.
„Papa, ich brauche Taschengeld und Mama will uns nichts geben."
„Sag doch was, Bernd, die sind schuld, dass Benny die Hühner getötet hat, oder?"
„Ich sage nur, Benny soll es bezahlen, er bekommt kein Futter mehr, für drei Monate und damit ist die Sache fast erledigt. Wenn er es bis dahin nicht schafft, umso besser, dann haben wir ihn endlich los. Jetzt muss ich arbeiten. Heute komme ich nicht zurück nachhause, ich muss nach Düsseldorf. Also wegen der Sache, wegen dieser Hühner, es werden von eurem Taschengeld pro Kind fünf Euro im Monat abgezogen, also 10 Monate lang. Jeder zahlt 50 Euro, dann ist die Sache geregelt. Wegen Benny müssen wir

noch überlegen, ob wir ihn nicht einschläfern lassen sollten. Der macht uns zu viel Ärger."
"Was?", schrien die Kinder ganz laut. "Was hast du gesagt Papa, Benny einschläfern lassen? Bist du verrückt? Vorher schicken wir dich ins Altersheim. Ist das klar?"
"Wollt ihr das nicht? Dann zahlt ihr die 100 Euro, jeder 50 Euro und die Sache ist gegessen, die anderen 200 Euro lege ich selber dazu. Ich muss los, verdammt, ich komme zu spät. Nimm die Sendung von Gottschalk für mich auf, ich kann es morgen anschauen, zur Live- Zeit bin ich noch auf der Autobahn. Jammerschade, dass ich das nicht gleich sehen kann. Also Kinder, bis dann."
Ja. Die Diskussion war beendet und mir lief kalter Schweiß über den Rücken, als ich hörte, dass ich eingeschläfert werden sollte. Ich bekam richtige Bauchschmerzen, als ich das hörte. Der wollte mich einschläfern lassen? Sowas zu denken oder zu sagen ist überhaupt nicht christlich, solche Menschen wie er gehen dreimal pro Woche in die Kirche und sagen sowas. Für was wird dort gebetet? Ich könnte zu ihm Arschloch sagen, aber das tue ich nicht. Immerhin, schreibe ich dieses Buch für Kinder. Also, der Hahn vom Zoo ist im Himmel, der blöde Bernd ist immer auf der Autobahn und ich bin hungrig. Licht aus, wir gehen nach Hause! Ich bekomme gar nichts zum Beißen, und das schon seit mindestens zwei Stunden. Das ist Tierquälerei, das sage ich euch. Ach, ich muss schlafen um meinen Hunger zu vergessen.
"Licht aus, wir gehen nachhaus."

„Benny, der Bodyguard"   Acryl 40x50 cm   © D. Braz

XI *Ein Verbrecher im Garten*

Also, ich habe angefangen die Geschichte zu erzählen von dem Abend, den ich bei Freunden meiner Familie verbringen musste. Wisst ihr es noch? Dies waren schon tolle Leute! Die Frau war Erzieherin und wie es oft vorkommt, schaffte sie es nicht, die eigenen Kinder zu erziehen, wollte aber andere Kinder erziehen. Der Mann war Maler, er malte überall Porträts für Schwimmbäder und auch auf Autos. Kinder? Ja. Die haben schon einige gehabt, die sich sehr gefreut haben, immer wenn ich da hin kam. Ich war der Onkel auf vier Beinen. Die Kinder waren zwei Zwillingspärchen. Also vier Kinder, die sehr gleich aussahen. Zweimal fünf Jahre alt, und die anderen zwei sechs Jahre alt. Nun könnt ihr euch schon denken, was die mit mir machen konnten. Für die war ich der Onkel Benny, und immer wenn ich dort war, war der Teufel los, was für ein Fest! Die hatten einen großen Garten, einen sehr gut gepflegten Garten, ähnlich wie die Nachbarn nebenan, wie es sich in Westfalen so gehört. Wenn man Ärger in Westfalen mit einem Nachbarn haben will, muss man nur seinen Garten ein bisschen vernachlässigen. Dann bekommt man leicht Streit. Wie oft habe ich Ärger bekommen, weil ich in fremde Gärten gepinkelt habe. Aber es macht Spaß, die Westfalen zu ärgern, die ärgen sich sowieso sehr leicht. Die Nachbarschaft geht etwa zwei Jahre lang gut, dann schaut einer dem anderen auf die Finger und so kommt man zum Streit. Ja. Ich war bei diesen Leuten, wurde pünktlich abgegeben und wartete auf mein gutes Essen. Ich aß immer den Rest von den Kindern. Diese amerikanischen Cornflakes mit Joghurt schmeckten nicht schlecht.

„Kinder, lasst ein bisschen für mich übrig, der Onkel hat

auch Hunger", sagte ich mit meinen Augen, ganz vorsichtig zu den vier Zwergen."
Zum Glück blieb dann noch ein Rest für mich. Das war mein Nachtisch. Rose war sehr nett zu mir. Gutes Essen bekam ich dort immer. Es war ausreichend und wenn ich mit dem Essen fertig war, fragte Rose mich:
„Willst du noch ein bisschen, Benny?" Klar, ich bin gut erzogen und sagte nichts, erwartete nur, dass sie mir noch was hin warf, aber oft war das nicht der Fall. Ich glaube, sie fragte nur, weil sie gute Manieren hatte. Das kommt oft bei den Menschen vor. Die sind oft wie eine Zeitmaschine. Alles geht automatisiert. Solche Fragen auch.
„Ja, Benny, heute ist es warm, du darfst im Garten schlafen. Unsere Nachbarin, die Petra, wird heute auch im Garten schlafen, die kennst du doch, aber geh nicht zu ihr durch die Zäune, unser Nachbar ist zur Zeit ganz komisch zu uns, der grüßt uns kaum. Ich weiß nicht, was er hat."
„Der Blödmann ist arbeitslos geworden, hast du das nicht gewusst?", schrie der Mann von einer anderen Ecke des Hauses."
Für mich gab es bei den Menschen nur zwei Sachen, die ich immer hören musste, einer klagte über Stress und ein anderer, dass er arbeitslos geworden ist. Wenn man fragt, wie es geht, lautet die Antwort meistens so: "Es muss!" Oder oft sagen sie „beschissen!" Keiner freut sich über eine gute Nachricht oder darüber, dass er gesund ist und eine nette Familie hat. Tante Tina sagte einmal:
„Was man nicht hat
Will man haben
und wenn man es hat,
Braucht man alles nicht mehr,
Oder man nimmt es
Nicht mehr wahr."

„Arbeitslos?", fragte Rose. "Aber der geht jeden Tag mit seinem Aktenkoffer außer Haus."
„Quatsch, um neun Uhr ist er schon da, in irgendeiner Kneipe, und trinkt sein Bier, er tut nur so, als wenn er zur Arbeit geht. Das ist wahr. Das geschieht ihm recht, vorher war er der King hier, das beste Auto, Urlaube dreimal im Jahr, Geburtstagsfeste mit 100 Leuten und jetzt steht er da und kann sein Haus nicht mal weiterzahlen. Noch ein Kunde für das Jobcenter. Sein Auto hat er schon abgegeben, die haben zwei Autos gehabt, eines ist schon weg. Von wegen Gott ist nicht gerecht! Der hat immer über uns geschimpft. Er hat uns immer ignoriert, ausgelacht und kritisierte, dass wir vier Kinder haben. Sogar deswegen hat er uns was vorgeworfen. Er sagte zu einem Freund von mir.
'Arme Leute wie die müssen immer viele Kinder haben, damit sie genug Geld vom Vaterland kassieren können.'
Jetzt steht er da wie ein blöder Ochse auf dem Berg und weiß nicht, wie es weitergeht. Es ist gut so! Der wird dadurch schon was lernen, ich habe zum Glück noch meinen Job, ich kann nicht klagen, unserer Firma geht es noch gut. Sehr gut sogar."
Ich habe als Hund diese ganz Geschichte gehört und konnte dazu nichts sagen. Es war nie meine Stärke über sowas zu reden. Aber ich hatte schon früh gelernt, dass man über andere Menschen auf diese Weise nicht redet, vor allem wenn einer in einer schlechten Situation ist. Dann sollte man nicht über ihn lästern, sondern versuchen ihm zu helfen, auch begreifen, dass jeder eines Tages in der gleichen Situation sein kann.
„Ja, Benny, raus mit dir. Die Kinder sind schon im Bett und du gehst auch zu deiner schönen Ecke dort im Garten, ich habe eine warme Decke für dich da hingetan. Regnen wird es heute nicht, außerdem haben wir einen großen Winter-

garten, wo du dich verkriechen kannst, falls es doch regnet. Gute Nacht, lieber Benny und schlaf mal schön."
Die Frau war richtig nett zu mir, später im Garten sah ich, dass jemand zu einem Zelt ging. Das konnte nur Petra sein, die Tochter von den Nachbarn. Sie hatte bei sich eine Taschenlampe. Das ist ein tolles Ding, man kann damit alles sehen, auch wenn es dunkel ist. Sowas habe ich mir immer zum Geburtstag gewünscht, aber ich bekam nur alte Knochen, aus der Knochenfabrik, und die schmecken nicht gut, aber wenn man nichts zu tun hat, warum nicht mal alte Knochen kauen, das ist gut für die Zähne und man hat was im Mund. Das Mädchen war groß und ich fand es ein bisschen gefährlich was sie tat. Allein im Garten, ganz allein schlafen! Das würde ich meinen Kindern nicht erlauben oder ich würde auch dort bleiben. Also, bald war die Taschenlampe aus und ich war schon sehr müde. Ich schlief sofort wie ein Murmeltier. Ich träumte von einer großen Portion Cornflakes, mit viel Milch und dazu ein paar Stückchen Wurst. Alles war friedlich, bis etwa um zwei Uhr nachts. Dann wachte ich auf und roch, dass jemand im Garten war. Derjenige war nicht weit weg von mir. Ich sprang auf, spitzte meine Ohren und konnte doch was hören. Die Nacht war ziemlich dunkel, aber mit meinen tollen Hundeaugen, die sich an die Dunkelheit anpassen können, kann ich sehr gut sehen, auch wenn es eigentlich zu dunkel ist. Ich sah, wie ein Mann das Gartentor der Nachbarn ganz leise aufmachte und auf das Mädchen zuging. Es musste ein Dieb sein oder jemand, der keine guten Absichten mit dem Mädchen hatte. Also musste ich reagieren. Als er das Zelt betreten wollte, legte ich los und weckte durch mein Geschrei und Gebell die gesamte Nachbarschaft auf. Ich bellte wie ein Verrückter, das Mädchen fing an zu schreien und die Eltern kamen zuhilfe. Das Mädchen schrie vor Angst und erzählte, was los war.

„Da, da war ein großer Mann, der wollte zu mir. Mein Gott, ich habe mich erschreckt. Der Hund hat mein Leben gerettet. Ohne ihn wäre ich verloren. Ich hätte vergewaltigt werden können. Mein Gott, ich möchte ins Haus. Gott sei Dank war dieser Hund da. Mein Gott, ich bin so froh euch zu sehen."
Die Eltern waren auch sehr erschrocken und brachten das Mädchen ins Haus.
„Komm, Kind. Komm nachhause! Diese Idee von dir, hier alleine zu übernachten fand ich nicht gut", sagte die Mutter. Aber es ist Gott sei Dank, nichts passiert. Wir müssen Benny belohnen, weil er dein Leben gerettet hat. Er bekommt morgen ein Geschenk von uns. Vielleicht ein neues Halsband mit seinem Namen, in Gold eingraviert. Wie findest du das?"
„Tolle Idee, Mama, aber gehen wir jetzt. Ich habe Angst. Gute Nacht, lieber Benny. Wir lieben dich. Schlaf gut."
Mein Gott, dachte ich mir. Wozu brauche ich ein neues Halsband? Nur um anzugeben? Das brauche ich nicht! Lieber was zum Essen, oder einen neuen Fernseher für den Bernd, der Arme hat noch nicht das größte Modell, das es auf dem Markt gibt. Neues Halsband ... ? Wozu denn? Aber ich war froh, dass ich das Mädchen gerettet hatte. Früh am nächsten Morgen war die Kriminalpolizei im Garten. Die Presse kam gleich mit, und ich wurde von allen Seiten fotografiert. Am Tag danach war ich überall in der Zeitung zu sehen. Michael Jackson war an diesem Tag mir gegenüber nur „Peanuts." Der Titel war.
"Benny, der Top-Bodyguard aus dem Münsterland"
Das war sehr gut für mich, dadurch konnte ich oft zu unseren Freunden kommen und dort übernachten, aber am liebsten nicht im Garten. Die Polizei hatte eine Mütze von dem Täter gefunden, in seiner Eile hatte er die Mütze verloren, die sicher auch Fingerabdrücke hatte und durch diese

und Spuren am Zelt konnte man ihn verfolgen. Die Presse hatte die Mütze in der Tageszeitung abgebildet und sofort hatte jemand sich anonym gemeldet und ihn verpfiffen. Es war ein Gärtner, der nicht weit weg wohnte und wusste, dass das Mädchen im Sommer oft allein im Garten übernachtete. Nun, er hatte nicht damit gerechnet, dass Benny, der beste Bodyguard der Welt, an diesem Abend am Tatort war und eingreifen konnte. Er führte seine Pflicht als Wachhund mit Auszeichnung aus. Ja, ich hätte eine große Packung Cornflakes verdient, aber bekam doch nur dieses Halsband, bestimmt von Aldi, sowie ein Medaillon, auf dem mein Name stand, sonst nichts. Als ich den Mann in dieser Nacht sah, hätte ich mich am liebsten unter der Decke verkrochen und keinen Pieps von mir gegeben. Ich hatte soviel Angst, dass ich fast starb, habe mir auch fast in die Hose gemacht. Aber meine Pflicht als Wachhund hätte es mir nicht erlaubt zu schweigen. Jetzt kann ich zugeben: In die Hose habe ich mir an dem Abend doch gemacht. Verdammt noch einmal, es war schon knapp für uns beide. Aber nicht weitersagen, dass mir dies passiert ist, ja? Jeder Bodyguard hat seine Schwächen. Ich bin nur zur Hälfte ein Hund und zur Hälfte ein Mensch, sonst nichts. Gute Nacht!
„Dein treuer Bodyguard, Benny".

XII Straßenhunde

Wenn die Nacht so dunkel ist
Am Himmel keine Sterne
Zu sehen sind
Dann denke ich an meine Freunde
Die in Südamerika
Auf der Straße leben müssen
Sie werden verprügelt
Sie werden weggejagt.

Es sind Lebewesen,
Ganz genau wie ich.
Ja, ich bin ein Hund,
Mit vier Pfoten und langen Ohren
Der eine nette Familie
Zum Wohnen hat.

Aber meine armen Genossen,
Die haben wirklich nichts
Außer Läusen und Flöhen,
Es sind die obdachlosen Wesen
Der modernen Gesellschaft!

Die haben kein Essen,
Die haben kein frisches Wasser
Oder ein warmes Eckchen,
Wo sie nachts schlafen können!

Es sind die Straßenhunde,
Es sind die bekannten Straßenköter,
Wie die Menschen immer so gern sagen.

Es sind arme Kreaturen,
Die nichts zu beißen bekommen,
Außer ein paar Resten von Müll,
Und das nur aus Mitleid.

Sie frieren im Winter
Und viele von ihnen
Sterben sogar.
Es ist oft viel zu kalt,
Um es draußen aushalten zu können.
Was könnten wir dagegen tun?

Ja, wir können fast nichts tun
Das Elend ist zu groß
So hat es die Natur
Bestimmt nicht gewollt!

Die Zivilisation
Hat aus uns Hunde,
Bestien gemacht
Bestien, die nicht mehr
Alleine leben können
Bestien ...
Die von Müll leben müssen!

Durch den Fortschritt
Hat sich alles verändert.
So wie die Wölfe lebten,
Ist es nicht mehr möglich.

Die ehemaligen Wölfe
Sind jetzt Straßenhunde geworden
Sie leben wie die Bettler
Und kommen dadurch
Nicht mehr alleine zurecht!

Es tut mir so leid ...
Wenn ich meine Brüder so sehe,
Sehe, dass sie
Wie Bestien leben müssen!

Sieht Gott das nicht?
Ist Gott vielleicht wirklich blind?
Oder hat Gott mit uns Hunden
Gar nichts am Hut?

XIII Udo Lindenberg

Wir hatten früher neben uns im Wald, wo wir wohnen, einen Nachbarn, einen netten Herrn aus Russland, er war Aussiedler, so erklärte es mir Tante Tina. Sie weiß immer alles, außer wo die Autoschlüssel sind. Früher war es in Deutschland Mode, dass die sogenannten Gastarbeiter kamen, dann kamen die Asylanten, dann die Aussiedler und in der letzten Zeit spricht man oft von Übersiedlern. Alles genau verstehen kann kein Mensch mehr, desto weniger ein Hund wie ich. Egal. Ich bin gespannt, wann die Außerirdischen hier nach Deutschland kommen. Ja! Die kommen bestimmt bald, weil wir dringend was Neues zum Reden brauchen. Früher wurde immer gesagt: Deutschland ist kein Einwanderer-Land. Wir haben keinen Platz für so viele Leute. Nun, ohne die Aussiedler, Übersiedler, ohne die Gastarbeiter, die hier gearbeitet haben oder sogar geblieben sind, hätte Deutschland jetzt vielleicht die Hälfte der Bevölkerung und Aldi, Woolworth, Lidl und viele andere Kaufhäuser, hätten schon längst einpacken müssen. Haben Sie schon beobachtet wie viele Menschen in Ludwigshafen, Bremen, Halle, Dortmund, Stuttgart, Berlin, Mannheim und in anderen großen deutschen Städten durch die Straßen laufen, die nicht hier auf die Welt gekommen sind? Oder zumindest solche, die nicht hier geboren sind. Die Tatsache ist: Wir Menschen brauchen doch kein Vaterland, sondern ein Mutterland, mit großem Herz für alle, die bei oder woanders ernsthaft leben und arbeiten wollen. Wie Udo Lindenberg gut beschrieb:
„Eine bunte Republik Deutschland"
Ja, wir haben schon mit der Zeit eine „Bunte-Republik Deutschland". Jetzt wird nicht mehr über „Ausländer raus"

geredet, sondern die Politiker und alle reden plötzlich über Integration unserer ausländischen Mitbürger. Ja, man ist nicht mehr Gastarbeiter, sondern ausländischer Mitbürger. Also, sie sind plötzlich diese netten Leute, mit anderer Hautfarbe, Geschichte, anderem Ausdruck und anderer Kultur, ebenso mit einer anderen Sprache. All diese "ehemaligen" Gastarbeiter, ausländischen Mitbürger, Übersiedler, Aussiedler, sind jetzt Menschen mit Migrationshintergrund usw., schön, nicht wahr? Und warum? Weil wir diese netten Leute auf einmal gebrauchen können, besser gesagt ausnutzen können. Sklaverei aus dem 21. Jahrhundert. Dr. Heinrich erzählte uns einmal etwas, als er bei uns war. Er erzählte, dass er einen Afrikaner getroffen habe, der in Münster lebte. Dieser Mann, der Afrikaner, hatte ihm erzählt, dass er in der ehemaligen DDR gewohnt hatte und dort als Bruder bezeichnet wurde.

„Unsere Brüder, haben die zu uns Ausländern da drüben in der DDR zu uns gesagt." So erzählte der Mann aus Afrika. Dr. Heinrich sagte uns Folgendes:

„Ja ..., nach der Wende kam dieser Mann aus Afrika in den Westen, hier war er plötzlich und letztendlich nur ein Ausländer. Hör genau zu bitte, vom Bruder war er dann plötzlich zum Ausländer degradiert worden. Dort, in der ehemaligen DDR, irgendwo hinter der Mauer, hatte er 20 Jahre gelebt, wurde aber dort immer als Bruder akzeptiert und wurde angenommen. Er konnte arbeiten, hatte seine Familie. Hier im Westen bekam er nur eine Duldung, er musste jederzeit mit einer Abschiebung rechnen. Dabei lebt er hier schon so viele Jahre und hat sogar eine deutsche Frau gehabt und einen Sohn. Aber mit dieser Frau war er rechtlich gesehen nicht verheiratet und hatte keinen Anspruch zu bleiben".

Also: Auch im Bruderstaat DDR war nicht alles schlecht. Ich

erzähle euch das alles, weil Hunde auch sehr viel wissen. Nicht wahr? Warum? Weil wir Hunde alles hören, was die anderen Menschen sagen. Und ich höre immer ganz genau zu, wenn jemand was erzählt. Ich weiß sehr viel, weil ich mich immer mit einem Freund treffe, der sogar studiert hat. Eben dieser Dr. Heinrich aus Münster, der kommt oft zu uns, redet sehr viel, isst alles, was auf den Teller kommt, schreit nach einer Zugabe und dann geht er weg, bis er wieder Hunger hat. Ich denke, er ist trotz seines Doktortitels arbeitslos. Ja, der ist arbeitslos, das wollte ich eigentlich nicht genau sagen. Sorry! Das ist die neueste Beschäftigung in Deutschland. Jeder vierte Deutsche hier ist arbeitslos und jeder Ausländer würde alles geben, um einen Job zu bekommen. Denn diese Menschen würden doch alles machen, um arbeiten zu können und nicht nur warten, dass der Vater Staat denen was schenkt. Klar, Opportunisten sind überall und bei uns sowieso. Hast du schon einen arbeitslosen Hund gesehen? Ja, eben, das gibt es nicht. Haben Sie auf der Autobahnraststätte schon eine deutsche Toilettenfrau oder einen deutschen Toilettenmann gesehen? Nein! Bestimmt nicht, oder? In Deutschland ist es in der letzten Zeit so: Viele Geschäfte, viele Läden, vor allem jene, die in der Fußgängerzone, in der Stadt sind, gehen irgendwann den Bach runter. Dann kommt vielleicht ein Türke, oder ein Vietnamese, übernimmt das Geschäft und macht daraus was Neues, dann läuft alles bestens. Glaubst du nicht? Dann lauf mal in Ludwigshafen durch die Fußgängerzone. Da kannst du sehen, wie die Post abgeht. Klagen, dass alles schlecht geht, das kann jeder, eine Lösung dafür finden, das können die wenigsten Leute. Ja, wir haben nach der Philosophie von Udo Lindenberg, eine „Bunte-Republik Deutschland" erreicht, aber viele von uns merken es nicht. Sie leben immer noch in der Steinzeit, diese bunte und gemischte Bevölkerung ist nur

gut für uns und bringt für das Land Profit. Dadurch rollt der Rubel, was für die Zukunft des Landes vorteilhaft ist. Die Holländer haben das schon vor 30 Jahren erkannt und sorgten schon damals für die Integration. Dadurch war kein Platz mehr für Rassismus oder Intoleranz, die bemerkten früh genug, dass Integration der beste Weg ist und eine gute Lösung für ein Land, besser als die Abschiebung von Menschen, oder sie auf den Straßen zu verprügeln, nur weil sie woanders herkommen. Klar, wer nicht arbeiten will, der soll seine Koffer packen und woanders sein Zelt aufschlagen. Das sagte uns der Heinrich auch immer.
„Wer nicht pariert, der marschiert."
Ja, Dr. Heinrich wusste über alles genau Bescheid. Ich denke auch so: Wir brauchen hier im Land jede Kraft, die zur Verfügung steht, nur so können wir diese ganze Krise überwinden und vorwärts kommen. Ich weiß, ich denke schon wie Dr. Heinrich, aber der Mann ist echt cool, Tante Tina würde sagen.
„Der Mann ist eine Granate."
Das sagt sie immer wieder gern. Aber das Hauptthema hier von meiner Geschichte ist nicht die Politik, mein Anliegen ist es, was zu erzählen, wegen dieses, ja, dieses Kochs, der neben uns wohnte. Ob er kochen kann, das kann ich nicht beweisen, aber dass er uns mit seiner Udo Lindenberg Musik nervte, das stimmt. Das kann ich euch sagen. Ich frage mich, warum mietet er nicht ein Zimmer in Gronau, beim Udo-Lindenberg-Museum und lässt uns in Ruhe? Vielleicht will er mit solchen Liedern eine Liebes-Erklärung an meine Chefin machen. In der Musik geht es immer um Liebe usw. Aber Tante Tina wollte von ihm gar nichts wissen, außerdem ist sie schon breit genug und sich einen Koch als Freund zulegen, mit gutem Essen jeden Tag, würde ihr nur noch mehr auf der Waage bringen. Klar, wenn man so viel isst,

wie sie es tut, dann kann man eben nichts anderes erwarten. Ich muss aufpassen, dass sie nicht mein Futter verschlingt. Es reicht mir schon, dass Eva alles aus dem Kochtopf abstaubt, mich oft in Stich lässt. Armer Hund Benny, jeder würde es sagen. Das ist vielleicht eine verfressene Familie, wo ich gelandet bin. Also, ich hatte mir vorgenommen, ich musste dieser Udo Lindenberg Musik ein Ende setzen. Meine Chefin war sowieso mit den Nerven schon am Ende. Zum Glück war der Koch abends bis nachts mit seinen Töpfen beschäftigt, dann hatten wir Ruhe in unserer Bude. Ich sagte dann zu Tante Tina.
„Ich werde hingehen und mit ihm reden. So geht es nicht weiter."
Aber sie hörte mir gar nicht zu und wie immer murmelte sie nur.
„Hmh, hmh, ok!"
Was ist ok? Was bedeutet dieses hmh, hmh?
Bedeutet das, dass ich ihn in die Eier beißen darf oder ihn so erschrecken, mit meinem Gebiss, dass er lieber die Wohnung kündigen würde? Egal, sage ich mir. Ich gehe hin, auch wenn sie es mir nicht erlaubt, dass ich über die Zäune gehe, mir ist es völlig egal. Ich musste mit ihm reden. Ich würde so anfangen:
„Mein Herr, so geht es nicht weiter. Mit deiner lauten Musik hier kann kein Schwein in Ruhe arbeiten". Mit Schwein meinte ich meine Chefin und nicht mich oder Eva, die kleine Blondine, die viel zu nett zu mir ist, das ist sie nicht nur zum Schein. Ja, genauso würde ich anfangen, mit so einem tiefen Ton, so dass er sich in die Hose machen würde. Ja, man muss manchmal schon autoritär sein! Anders geht es nicht. Wenn wir immer gutmütig sind, denken die Leute, wir sind ein lahmer Dalai Lama und wir kommen nicht weiter, in dieser Gesellschaft, wo die Chinesen uns genau auf die

Finger schauen, kopieren und alles verbessern, was der Rest der Welt macht. Die Leute können nicht unseren guten Willen achten, ohne uns auszunutzen. So ist das! Ja, ich steckte meinen Revolver in den Gürtel, nahm mein Schlachtmesser und ging da hin, ohne zu zögern, vorher betete ich und schaute, ob ich meine Lebensversicherung schon bezahlt hatte, damit Tante Tina versorgt bliebe, wenn mit mir was passiert wäre. Bestimmt hatte dieser verdammte Koch schon ein scharfes Messer in der Ecke parat gestellt und wartete nur auf mich. Ich hatte alles geplant und mir genau vorgestellt, wie ich zu ihm kommen würde. Ja. Es sollte genau wie in einen amerikanischen Western sein. Ich wusste nur, dass einer von uns direkt auf dem Friedhof landen würde. Aber, dieser sollte ich nicht sein. Unterwegs zögerte ich ein bisschen und dachte:
„Vielleicht sollte ich erst einmal zu einer geilen Kung-Fu-Schule gehen und mich für den Kampf besser vorbereiten. Vielleicht war er in Karate oder Teakwondo ausgebildet? Wer weiß?"
Ich war dann konfus und muss zugeben, ich hatte schon ein bisschen Angst. Dann hörte ich wieder diese Udo Lindenberg Musik, so laut, dass ich meinen Revolver sofort mit Munition laden konnte und sagte zu mir.
„Jetzt ist der Moment gekommen, ich muss hin, sonst ist mein Ruf in dieser Mist-Gegend verdorben."
Jeder gute Verbrecher weiß, dass alles in ein paar Minuten geschehen muss, oder man haut sofort ab. Am besser sollte ich sofort anfangen zu schießen und gar nicht viel fragen oder sagen. Das wäre das Beste, sagte ich mir. Ich ging ganz leise an seine Haustür und auf einmal stand ich da, ich beobachtete, wie der Mann seine Unterhose wusch und dabei wie ein Idiot sang. Ich fragte mich,
„kann es sein, dass er jedes Mal, wenn er seine Unterhose

wäscht, diese blöde Musik anhören muss und wir auch? Kann es sein, dass seine Unterhose so sehr stinkt, dass er die Musik von Udo Lindenberg unbedingt dazu braucht? Mein Gott, das darf nicht wahr sein."
Ja, ich musste dringend einen Brief an Udo schreiben und ihm das erzählen. Dass unser Koch nur mit seiner Musik seine schmutzige Unterhose waschen kann. Der würde sich totlachen. Ich habe Udo nur einmal im Fernseher gesehen, den mit seiner dicken Sonnenbrille und seinem Hut. Ich kann ihn nicht ausstehen. Bestimmt hat er kein Herz für einen Hund wie mich oder sonstwas. Ob er verheiratet war oder nicht, das kann ich nicht sagen. Bestimmt nicht! Und wenn. Ich denke mir, der würde bestimmt mit Brille und Hut ins Bett gehen und eine Frau würde das auf die Dauer sowieso nicht ertragen. Der Scheidungsgrund wäre, so würde der Richter sagen:
„Der Mann trägt immer Brille und Hut, auch nachts im Bett, insofern erkläre ich hiermit die Ehe für gescheitert". Dabei würde der Richter sich bestimmt totlachen.
Ja, ich war dann bei dem Koch. Als er vor die Tür kam, da bemerkte er mich sofort und tat sofort einen Sprung nach hinten. Er erschrak, vielleicht hatte er meinen Revolver gesehen und merkte meine Intention. Er war auch sprachlos. Ich dachte mir:
„Dieses Schweinebraten-Gesicht macht sich sofort in die Hose."
Also, ich musste nicht viel sagen, sofort ging er zu diesem Scheiß Musikgerät und machte freiwillig seine Musik aus. Insofern hatte der Friedhof schon einen Platz mehr für die nächste Leiche gespart.
„So ist brav, mein Junge." Das wollte ich ihm sagen. Aber er war wirklich ein Feigling und legte sofort los, um mich zu beruhigen. Ja, ich weiß, er wollte nur gute Stimmung mit

mir haben und so hörte ich plötzlich diese schmierige Stimme aus Leipzig, die ich nicht leiden kann.
„Hey Benny, hast du schon was gegessen, mein lieber Hund?"
Mein Gott, sagte ich zu mir. Wie kann jemand in dem Moment, in dem es um Leben und Tod geht, fragen ob jemand gegessen hat oder Hunger hat? Stellt euch vor, in einem Western stellt einer so eine blöde Frage, in dem Moment als einer den anderen mit seinem 38. Kaliber erschießen will. Und dieser Schwule fragte wieder:
„Hey Benny ...! Hast du heute schon was gegessen?"
Mein Gott. Sind wir hier bei Karl May in Winnetou? Wie kann jemand nur so blöd sein? Wie kann jemand einen Hund fragen, ob er schon was gegessen hat oder ob er Hunger hat? Also, mit dieser Frage hat er mich getroffen, ich wusste gar nicht mehr: Ihn töten, oder ihn lieben? Aber am besten wäre es zu warten darauf, dass ich vom ihm was zum Essen bekäme, bevor ich diesen Bastard tötete. Bestimmt hat niemand Lust jemanden umzubringen, wenn auf dem Tisch so tolle Koteletts liegen und darauf warten gefressen zu werden.
So dachte er bestimmt und versuchte mich zu erpressen. Ich dachte gar nicht mehr an Udo Lindenberg, ich dachte nur an diese frisch gebratenen Fleischstücke. Das Wasser in meinem Mund hatte sich gesammelt, so dass ich mich nur schämte. Ich war in dem Moment wie ein Kind in einer Schokoladenfabrik. Ich sagte zu mir.
„Mit diesem Udo Lindenberg, das ist mir scheiß egal, wenn ich so ein saftiges Kotelett bekomme, dann kann er von mir aus Tag und Nacht Udo spielen und ich werde noch dazu singen."
„Hier Benny, das ist für dich, ich habe schon gegessen. Willst du was für deine Chefin mitnehmen?"

Auf keinen Fall", sagte ich mir. Ich werde hier auf der Stelle alles wegfressen. Sie ist schon viel zu dick. Her damit. Sie sitzt zu lange auf ihrem Hintern, beim Klavierspielen, so einen dicken Hintern zu haben ist bestimmt nicht schlecht, dadurch hat man das Gleichgewicht beim Spielen. So wie bei einer Etüde von Chopin oder beim wohltemperierten Klavier von Bach. Ich habe drei Koteletts gegessen und dazu gab es Karotten und Reis.
„Willst du noch mehr Benny ? Ich habe genug."
Wie kann jemand einen Hund wie mich, der nicht genug bei seiner Chefin zu fressen bekommt, wie kann jemand einen netten und gut erzogenen Kerl wie mich fragen, ob er noch Hunger hat? Klar wollte ich noch mehr, und so habe ich fast alles weggegessen. Bestimmt konnte er vom Restaurant jede Menge Essen mit nachhause bringen. Ich war satt und zufrieden. Meinen Revolver habe ich gar nicht zum Einsatz bringen müssen. Ich war zufrieden mit mir selbst. Mein Bauch war so voll, dass ich explodieren konnte. Dann sagte ich zu ihm.
„Ok, Kumpel, mit der Musik von Udo Lindenberg ist für heute Schluss, ich habe klar gesprochen, oder? Wenn das so weitergeht, dann gibt es Ärger hier im Haus und einer von uns geht zum Friedhof."
Der verstand gar nicht, was ich sagte, er wusch nur seine Unterhose weiter und ich dachte mir.
Der Arme hat noch seine Unterhose aus der Zeit von dem Genossen Staatsratsvorsitzenden Erich Honecker, aus der ehemaligen DDR. Das waren solche Unterhosen, die man nicht mal bei Aldi unter den billigsten Modellen bekommen kann. Das waren schon die letzten Stücke aus der Erbschaft der sozialistischen Zeit.
Also, dann ging ich nachhause, als ich dort ankam, da war Tante Tina am Kochen und sie stellte mir die berühmte Frage:

„Hey Benny, wo warst du? Hast du Hunger, willst du was essen?"

Mein Gott, wie kann jemand mich fragen, ob ich was essen will? Wenn ich nein gesagt hätte, dann wäre sie beleidigt gewesen und hätte gedacht, dass ich krank bin. Wenn ich ja gesagt hätte, dann wäre ich bestimmt ins Krankenhaus geliefert worden. Ich dachte mir. Was ist besser? Krankenhaus oder die Lady beleidigen? Dann habe ich beschlossen, das Krankenhaus wäre die bessere Alternative. Besser wäre, mit vollem Bauch zu sterben, anstatt als buddhistischer Mönch im Kloster zu verhungern. Tante Tina wollte ich auf keinen Fall beleidigen und ihr sagen, dass ich keinen Hunger mehr hätte. So verschlang ich noch dazu eine riesige Portion Spaghetti, mit Tomatensoße und allem was dazu gehört. Zum Nachtisch fand ich hinter der Kommode eine Tafel Schokolade, die Eva versteckt hatte. Sowas kam öfter bei ihr vor, ich musste nur geduldig sein, um es zu finden. Diese habe ich auch noch verdrückt und fühlte mich danach sehr wohl. Ich ging zu meiner Ecke und wollte einfach schlafen, dann kam diese blöde Kuh, diese Pianistin, meine Arbeitgeberin, sozusagen. Sie verstopfte meine Ohren mit ihrer Stimme.

„Na Benny, wollen wir spazieren gehen? Komm, wo ist deine Leine?"

Nein! Bloß das nicht. Mein Gott. Ich dachte mir, das darf nicht wahr sein. Zuerst musste ich erleben, wie dieser Koch seine Unterhose wusch. Danach seine leckeren Koteletts verschlingen. Dann, musste ich noch meinen Nachtisch ohne Gnade runterschlucken. Klar, das war nur aus Höflichkeit, die Fresserei bei ihm. Und dann jetzt, nur um meine Chefin nicht zu beleidigen, musste ich noch dazu eine große Portion Spaghetti runterschlucken. Und jetzt, als ich meine Mittagspause machen wollte ... Da kommt diese Frau und will

spazieren gehen. Mein Gott, das darf nicht wahr sein. Mein Bauch war so voll, dass ich herrlich kotzen gekonnt hätte, das wäre das Beste in dem Moment gewesen, damit ich wieder zum Fressen bereit wäre. Ich konnte es nicht fassen, dass ein alter Mann wie ich nicht mal sein Mittagsschläfchen in Anspruch nehmen konnte. Das war zu viel für mein kleines Hundegehirn, um es begreifen zu können.
„Komm Benny. Ich habe heute Zeit für dich! Wir machen einen großen Rundgang im Wald. Na..., wird es bald? Beweg deinen Hintern Benny."
Ich war so k.o. ..., so... kaputt, ... so geschafft, dass ich nicht mal meine Ohren bewegen konnte, ganz abgesehen von meinen Pfoten und dem Hintern. Ich verlor echt meine Geduld und wollte gleich sagen.
„Lass mich in Ruhe, sonst knallt es hier gleich, du Wald-Zwerg! Du Hauptbahnhofs-Latrine! Lass mich in Ruhe, du Penner! Ich möchte schlafen und nicht spazieren gehen. Du Schiffsnase, du Klavier-Hauer." Das wollte ich ihr so gern sagen. Aber Hunde können nicht sprechen, das ist wirklich schade.
„Also, du Stinktier. Mach, dass du herkommst! Komm, los, Abmarsch."
Als wir schon draußen waren, sagte sie zu mir.
„Mein Gott Benny, ich habe vergessen, ich muss dringend heute noch einen Brief wegschicken, das ist wegen meines Fernstudiums. Komm, steig mal ein, wir fahren zuerst zur Post."
Dann freute ich mich schon, Autofahren war immer meine Lieblingsbeschäftigung.
„Schon gut, schon gut, ich gehe, besser gesagt, ich fahre schon!"
Wir waren draußen und mir ging es sehr schlecht. Das Essen kam mir hoch und runter, ich musste mich übergeben und

so passierte es auch. Mit viel Mühe konnte ich im Auto einsteigen. Ich nahm meinen Platz hinten ein und versuchte mich zu beherrschen. Aber das Essen wollte unbedingt wieder raus. Da drin, in meinem dicken Bauch war kein Platz mehr dafür. Mein Magen war einfach zu klein für so viel Essen. Auf einmal kam alles rausgeschossen. Spaghetti, Kotelett, die Tafel Schokolade, Reis, Tomatensoße und Karotten. Ich hatte auch sehr viel Wasser getrunken, das Essen von dem Koch war sehr salzig gewesen. Im Auto war dann eine Sauerei, das kann ich euch sagen. Es war zum Kotzen, es stank richtig. Da schrie Tante Tina wie am Spieß.
„Mein Gott, Benny, was machst du denn? Schau meinen Brief an, ich muss das heute weitersenden, heute ist der allerletzte Termin dafür. Jetzt ist alles hin, ein verdammter Hund bist du. Ich fahre direkt zu Seifenfabrik und werde dich dort abliefern. Es reicht mir. Blöder Hund."
Als wir nach Hause kamen, schrie Tante Tina weiter, „Mein Gott! Könnte dieser verdammte Koch mit seiner lauten Musik nicht aufhören? Ich halte das nicht mehr aus. Es reicht mir, dieser Udo Lindenberg den ganzen Tag." Dann ging Tante Tina und schrie den Koch an.
„Hey du! Kannst du nicht mit deiner Scheiß Musik aufhören? Du verdammter Koch, verdammter Übersiedler. Wir sind hier nicht beim Diktator Erich Honecker, da drüben, wo man den ganzen Tag „Halli-Galli" machen konnte. Aufhören, sonst wird auch hier geschossen." So schrie Tante Tina den Koch an.
Ich wusste nicht, dass ein Leipziger in Münster auch ein Ausländer oder Übersiedler sein kann. Wie man richtig sagt: „Auf Mallorca sind wir alle Ausländer, das juckt keinen!
Aber sie redete sowieso immer so über ihn. Das fand ich gar nicht in Ordnung. Nun, die Tante konnte nicht aufhören zu schimpfen und fuhr fort.

„Benny, das darf nicht wahr sein. Raus mit dir. Jetzt stinkt alles nach deiner „Kotzerei" und mein Brief auch. Das darf nicht wahr sein. Ich lasse dich mindestens 10 Jahre bei Bernd, du passt gut zu ihm. Ihr beide dürft den ganzen Tag zusammen kotzen und Fernsehen gucken. Da gehörst du hin! Ihr seid sowieso zum Kotzen, ja, ihr beide. Mein Gott, was mache ich jetzt? Meine Arbeit von drei Monaten ist dahin, ich bestehe meine Fernstudiumprüfung nicht mehr. Wenn ich nicht heute alles weg sende, bestehe ich das letzte Examen nicht. Da drin ist Arbeit von drei Jahren, du Penner. Ich steige aus mit dir!" Ich schaute überall rum und fühlte mich wie neu geboren, das Essen war raus und ich konnte jetzt wirklich mal wieder fressen. Ich ging zum Garten und Tante Tina schimpfte weiter, wie eine Bestie. Ich legte mich nur hin und schlief wie ein König. Die Welt war wieder in Ordnung, ich wollte nur schlafen, mein Leben genießen und später mein Abendessen mit Begeisterung runterschlucken. Vielleicht hätte der Koch einen Rest für mich gelassen. Mal sehen, wir waren plötzlich dicke Freunde, dachte ich mir.

„Ich könnte sogar eines Tages zu ihm ziehen. Das Leben mit diesen Klavier-Weibern war mir schon mehr als genug."
Als ich meinen Kopf auf meine Decke legte und tief atmete, hörte ich plötzlich die laute Musik von Udo Lindenberg wieder. Das tat mir sogar gut. Dann sagte ich zu mir.
„Dieser Koch ist wirklich klasse und seine Musik ist auch geil. Ich werde ihn ab jetzt in Schutz nehmen, kochen kann er wirklich gut, alles anders ist mir pupsegal."
Ja, mir war klar, lieber die Udo Lindenberg Musik hören, als diese Schrottmusik von Konstantin Wecker oder die Beethoven Sonate, gespielt von Tante Tina am Klavier. Das hätte ich nicht mehr ertragen können. Ja, dazu, dieses „Über den Wolken", von Reinhard Mey. Lieber den Udo aus

Gronau, Westfalen, anstatt diese Klaviermusik von Tante Tina den ganzen Tag im Ohr. Das ging mir wirklich schon lange auf den Keks.
Licht aus, wir gehen nachhause. Hallo Pablo, alles ok? Wer ist Pablo? Pablo hatte uns einmal besucht, der war klasse, wir verstanden uns ganz toll. Das ist mein bester Freund aus Argentinien. Ich vermisse ihn. Ich werde euch was über Pablo erzählen. Aber jetzt ... Licht aus, wir gehen nachhause. Jetzt schlafen und von Koteletts träumen. Gute Nacht, meine lieben Kinder, träumt schön von Haribo. Merkt euch was.
„Alles hat ein Ende, nur die Bratwürste aus Bayern haben zwei! Gute Nacht, wenn es so weit ist".

XIV Pablo aus Argentinien

Könnt ihr euch einen Hund wie mich ich in der Disco vorstellen? Ja, in einer so geilen und modernen Disco, mit verdammt lauter Musik und übergeschnappten Leuten, die da rumtanzen wie lauter Verrückte? Ihr glaubt bestimmt, dass das nicht möglich ist, oder? Ich sage euch, für Benny den „Mega"-Hund, den Super-Hund, ist alles möglich, das sage ich euch ganz klar und deutlich, zum letzten Mal! Ihr denkt, ein Hund kommt in die Disco unmöglich rein, nicht wahr? Ihr habt euch geschnitten, ja, falsch gedacht. Ich bringe es soweit, alles was ich mir vorgenommen habe klappt, sogar in die Disco zu gehen. Dafür muss man alles genau planen und bedenken. Alles ist möglich.

So sagte Tante Tina immer zu mir, alles ist möglich, sogar bei ihr zu wohnen und sie zu ertragen. Also dann, gedacht getan. So ist meine Lebensphilosophie. Wir bekamen einmal Besuch aus Argentinien, das war Pablo, ich habe euch von ihm schon was erzählt. Es war ein ganz netter Junge, der für einige Tage bei uns war. Er erzählte, wie toll die Discos in Argentinien sind, tolle Musik, ausgeflippte Leute, jede Menge hübsche Frauen und leider keine hübsche Hündin dabei, so was ... Ihr denkt, ich bin vielleicht ein Don Juan, der immer den Weibern hinterher läuft, nein, das ist nicht so.

Aber ein Kung-Fu-Kloster-Mönch bin ich auch nicht, ich bin noch zu jung, um die Vergangenheit zu erzählen und zu sagen wie schön es einmal war. Nein, ich möchte jetzt und sofort leben, nicht morgen oder übermorgen. Ich werde nicht auf meine Rente warten, damit ich einen Sarg zum Sterben kaufen kann. Ja, dieser nette Junge war bei uns für ein paar Tage und nachdem er so vieles über Discos erzählt hatte, war für mir klar: Benny, der supergeile Hund muss auch in die Disco. Nun, ich möchte vorher noch erzählen, wie Pablos erster Reitunterricht ging. Meine Chefin hatte die tolle Idee, ihn auf einem Pferd reiten zu lassen, nur hatte sie vergessen, dass er kein Western Cowboy ist. Selbstverständlich, nach ein paar Stunden Reiten ohne Sattel kann die Welt ganz anders aussehen. Das hält kein Hintern aus. Wir waren auf einem Bauernhof, wo ihr Lieblingspferd steht. Ja, unser kleiner Freund aus Argentinien war schon total begeistert vom Reiten und fühlte sich schon als Hauptperson in einem Western.

Der schnappte sich dann ein großes Pferd und ging los, er ritt stundenlang ohne Sattel, was nur die nordamerikanischen Indianer machen können. Die wissen, wie man richtig reiten kann, ohne sich Verletzungen am Hintern zu holen. Die wissen den Hintern beim Reiten ohne Sattel zu schonen. Das Pferd hat auf dem Rücken einen verdammt harten Knochen, der ist fast wie ein Messer, aber am Anfang merkt man gar nichts. Aber einen Tag danach schon, und wie! Wenn man nicht genau weiß, wie man dem Galopp entsprechend reiten muss, mit einer bestimmten Bewegung, wie sie die Profis machen, kann man mit einem schön brennenden Hintern hinterher rechnen.

Man muss immer nachgeben und nicht stur den Schlag aufnehmen. Auf diesem harten Knochen des Pferdes kann man beim Reiten sein bestes Stück verletzen, das tut verdammt weh. Ja, es tut so weh, dass man tagelang nicht mehr richtig laufen oder sitzen kann. Und genau so war es mit unserem lieben Freund aus Buenos Aires. Gegen Abend gingen wir nachhause und bemerkten schon, dass unser Besucher nicht mehr richtig laufen konnte. Am nächsten Tag konnte er kaum einen Schritt gehen, ohne gewaltige Schmerzen zu spüren. Abgesehen davon war das Sitzen für ihn eine Tortur. Ganz begeistert von der Idee ohne Sattel zu reiten, die unsere Chefin gehabt hatte, war er danach nicht mehr.

Sie wusste, dass er keine Erfahrung mit dem Reiten hatte, aber trotzdem hatte sie zugeschaut und sich dabei amüsiert. Nun, es ging bald alles vorbei und eines Tages flog der nette Junge wieder nachhause, wir waren sehr traurig, dass wir ihn nicht mehr bei uns hatten. Nun die Schmerzen durch das Reiten waren wieder weg, als er zurück nach Argentinien flog. Und er konnte wieder stundenlang in der Schule sitzen und lernen. Ein guter Schüler war dieser Bursche, er hatte immer tolle Noten, besser als meine Noten in der Hundeschule, ich habe immer Fünfen gehabt.

Seitdem ist die Fünf meine Lieblingsnummer geworden. Zum Glück bin ich ein Hund und Tante Tina musste nicht den Schuldirektor hier im Ort davon überzeugen, dass ich in eine normale Schule mit anderen Kindern gehen sollte. Vielleicht kommt sie eines Tages mit der Idee, dass ich auch reiten muss. Na ja, ich würde niemals auf diese großen Genossen steigen. Nein, niemals. Ich bleibe lieber unten und schaue, wie die Leute beim Reiten so schön ihren Hintern kaputtmachen können. Das wäre was für Tante Tina, dabei hätte sie kein Problem, an der Stelle, die sie zum Reiten benutzen würde, da hat sie genügend Polster.

Das Reiten würde ihr nichts ausmachen und die Pferde würden es bestimmt auch genießen. Ja, unser lieber Pablo hatte sich am Hintern was geholt. Die Pferde lachten sich tot, aber mit sowas ist nicht zu spaßen, es tut wirklich weh. Seit Pablo wieder nachhause geflogen ist, vor einigen Wochen, vermissen wir ihn sehr. Hey, Pablo, komm wieder zurück, die Frösche vom Handorfer See warten gespannt auf dich. Leb wohl. Küss die hübschen Argentinierinnen für mich!

"Blinder Mann"   Acryl 60x80 cm   © D. Braz

XV *Benny in der Disco*

Also, ich habe vorher angefangen zu erzählen, wie ich so gern in eine Disco gehen wollte. Mit lauter Musik und allem was dazu gehört. Nachdem ich diese Disco-Geschichte von Pablo gehört hatte, hatte ich keine Ruhe mehr und mich entschlossen zur Disco zu gehen. Im Leben ist nichts unmöglich, man muss es nur genau planen, dann schaffen wir es, wie ich schon sagte. Ich wusste, dass zu einer bestimmten Zeit, immer ein blinder Mann in den Bus einstieg. Er wohnte nicht weit weg von uns und jeden Tag, fast zur gleichen Zeit, kam er vorbei mit seinem Stock und ging zur Bushaltestelle. Er war stockblind mit seinem Blindenstock. Ich dachte mir, ich könnte so tun, als sei ich sein Blindenhund. So hätte ich in den Bus einsteigen können, ohne zu zahlen und auch ohne dass jemand etwas merkt.
„Hey du, als Hund allein zu fahren ist bei uns verboten, weg mit dir."
Wenn ich allein wäre, würde bestimmt der Busfahrer sowas sagen, aber mit einem Blinden zusammen, da wäre es mit Sicherheit kein Problem. Keiner würde einen blinden Mann ohne seinen Hund fahren lassen. Wie ich schon gesagt habe, man muss nur alles ganz genau organisieren, dann funktioniert auch alles wie geschmiert. Aber ich musste noch wissen, wo ich aus dem Bus aussteigen sollte, um zur Disco zu kommen. Ja, wo ich am besten aussteigen müsste. An welcher Bushaltestelle könnte ich denn rausspringen? Eine Freundin von Eva hatte einmal erzählt, dass sie in einer tollen Disco war und diese sollte nicht so sehr weit weg von uns sein. Aber wo genau war diese Disco? Ich konnte nicht durch die ganze Stadt mit dem Bus fahren, um eine Disco zu finden. Eines Tages hörte ich, dass ein Motorradunfall in der

Stadt war, dieser sollte nicht weit weg von einer Disco gewesen sein. Diese Disco war unmittelbar bei einer Aral-Tankstelle und beim Neckermann-Reisebüro. Volltreffer, nichts wie hin, das würde ich gut erkennen können. Mit Tante Tina sind wir oft dort vorbei gefahren. Juppieh! Der Weg zur Disco war endlich frei.

Nun, war es mir klar. Nicht weit weg von der Aral-Tankstelle, die kannte ich sogar sehr gut, wir haben oft dort getankt und frische Brötchen gekauft. Also, ich hatte schon die genauen Informationen für meinen nächtlichen Ausgang. Ich hatte keine Ahnung, wann die ganze Party sein sollte, wusste nur, dass es immer sehr spät war und ich als braver Hund jeden Tag schon vor 21 Uhr im Bett war, oder besser gesagt sein musste, genau wie Tante Tina es auch tat. Die alte Tante lebte wie eine alte Frau, dabei war sie erst 43 Jahre alt. Manche Leute sind schon alt geboren und ich musste täglich schon so früh ins Bett gehen, um keinen Lärm im Haus zu veranstalten. Tante Tina ist und war wie die Hühner und wie die Kakerlaken. Also Disco war angesagt und wer ein Abenteuer erleben will, der muss manche Sachen in Kauf nehmen. Und so war es. Ich musste genau aufpassen, wann der blinde Mann zu unserer Haltestelle kam. Deshalb blieb ich am Freitag einige Stunden vor unserem Haustor und wartete auf den Blinden. Irgendwann musste er da vorbei kommen. Ja, und das klappte. Genau wie ich gedacht hatte. Natürlich, bevor ich zur Disco ging, badete ich mich schön im Fluss und nahm ein Deodorant von Tante Tina, von denen, die sie immer bei Sonderangeboten beim Aldi kaufte und die mehr stinken als gut tut. Eben, ich habe das Deodorant von ihr großzügig auf meinem Fell verteilt, so viel davon, dass ich fast keine Luft mehr bekam. Ich ließ auch meinen Schwanz schön kämmen von Eva und so war ich ein perfekter „Discogänger", der bis

zum frühen Morgen tanzen wollte. Gegen sieben Uhr abends kam dann der Mann mit seinem Stock. Ah .., wie schön. Nun, das Tor war zu, ich konnte nicht einfach so drüberspringen. Das Tor war auch zu hoch für meine athletische Kondition. Also ich bin zu fett für solch einen Sprung ... aha, aha ... wird Eva sagen. Ich wusste nur, dass diese Gelegenheit eine Sache von Tod und Leben war, aber wie hätte ich daraus entkommen können? Zum Glück kam in diesem Moment unsere liebe alte Dame, unsere Vermieterin, sie machte das Tor auf und so schnell ich konnte, rannte ich weg und die Dame rief mir nach.
„Benny, wo gehst du hin? Bleib hier, du armes Kind, es ist schon zu spät, um ins Kino zu gehen". Sie scherzte auch noch dabei.
Ich rannte so schnell ich konnte, um den blöden Mann, ich meine, den blinden Mann noch einzuholen, er war schon sehr weit weg.
Ich wusste, die alte Dame würde sofort Tante Tina erzählen, dass ich abgehauen war und das wäre ein Grund genug für mich gewesen, um mehr Ärger zu Hause zu haben als ich schon jeden Tag genug hatte. Egal! Die Disco wartete auf mich, ich wollte hin und ich wusste, dass ich es schaffen konnte. Ich war jung und musste alles sehen, genießen und kennen. Einfach schauen, was das Leben anzubieten hatte. Es dauerte nicht lange, dann sah ich den Mann, der mit seinem Stock an der Bushaltestelle gestanden hatte. Ich kam nahe zu ihm und dachte, er hätte nichts bemerkt. Aber Fehlanzeige. Er hatte sofort mitbekommen, dass jemand da war, ein Hund neben ihm stand, so sprach er mich an.
"Na, mein Lieber, wo gehst du hin, willst du mir hinterher laufen? Nachher bekommst du Ärger bei dir zuhause. Mein Junge, ich habe schon einen Hund, der ist groß und schön. Wie du aussiehst, kann ich leider nicht sagen, aber du bist

bestimmt ein guter Hund. Ich merke es. Wir blinden Menschen sehen nichts, aber wir merken und spüren alles". Ich fragte mich nur, wie konnte er merken, dass ich bei ihm war? Egal, Hauptsache ich konnte mit ihm in die Stadt fahren und genau an dieser Aral-Tankstelle aussteigen. Dass er mich angesprochen hatte, war ganz okay, dann würden alle wirklich denken, dass ich zu ihm gehöre. Nach einer Weile, standen da mehr und mehr Leute und warteten auch auf den Bus. Alle schauten mich sehr lieb an. Die dachten bestimmt, ich wäre ein Blindenhund und das zu sein, ist schon was besonders, dachte ich mir. Ein toller Job. Besser als Bodyguard bei Tante Tina. Da war ich mir sicher. Ich war plötzlich ganz stolz darauf, das wäre ein Job für mich, kostenlos fahren, die Welt für jemand anderen zu sehen und vielleicht sogar eine Rente oder eine Medaille später zu bekommen, für sehr gute Leistung im Leben. Wenn ich nicht mehr arbeiten könnte, würde ich bestimmt eine Medaille bekommen. Sowas bekommen auch manche Soldaten, die im Krieg waren oder jemanden gerettet haben. Eine Medaille, das würde mir schon reichen. Ich habe ihn gefragt, ob er einen Blindenbegleiter gebrauchen könnte. Aber als er mir sagte, er hätte schon einen Hund, wusste ich, dass ich arbeitslos sein würde. In dem Moment wäre ich schon ganz stolz gewesen für einen Tag ein Blindenhund zu sein, auch wenn es nur für einige Minuten gewesen wäre. Die Idee hatte mir sehr gut gefallen. Ich könnte bestimmt ein guter Blindenführer werden.

„Na, mein Junge, da kommt der Bus und du musst zurück nachhause. Mach, dass du weg- kommst, deine Mama wartet auf dich, ab hier kann ich alleine weiterfahren", sagte der Herr zu mir.

Ich dachte nicht daran zurück nachhause zu gehen und bei einer passenden Gelegenheit bin ich mit ihm eingestiegen.

Aber er hatte es wieder bemerkt und meinte.
„Du lässt nicht locker, oder? Ok, wie du willst, du kannst mit mir fahren, aber noch einen Hund dazu, das kann ich bei mir zuhause nicht gebrauchen, meine Frau würde mich umbringen. Ja? Aber wohin willst du denn fahren? Vielleicht willst du deine Schwiegermutter im Krankenhaus besuchen, oder sowas. Keine Ahnung. Von mir aus kannst du deine Schwiegermutter besuchen gehen, ich habe keine mehr und ich bin froh darüber. Das Problem dabei ist, wenn man eine hübsche Frau heiratet, kommt immer dazu diese sogenannte 'Familien-Packung', oft eine Schwiegermutter, wie in meinem Fall, die nicht unbedingt genießbar ist. Das ist genau wie mit einer Ananas. Du kaufst sie und willst sie so gern essen, aber du kannst nicht vermeiden, dass dieses Obst mit einer stacheligen Schale kommt. So ist es mit der Hochzeit. Man kann nicht vermeiden, dass die Schwiegermutter mitgeliefert wird, das ist eben die stachelige Seite, die wir bei der Ehe in Kauf nehmen müssen. Sowas kann eben keiner vermeiden. Was hat deine Schwiegermutter, mein Junge? Warum ist sie im Krankenhaus? Ist sie schwanger? Heutzutage kann alles passieren, Hauptsache, du bist nicht der Vater. Sonst würdest du der Schwiegervater von deiner Schwägerin sein und deine Frau die Schwester von deinen Kindern werden, sozusagen. Das wäre alles ein bisschen kompliziert. Besser nicht."
Der Mann, dachte ich, war nicht nur blind sondern ein bisschen blöd und bekloppt. Wenn ich könnte, hätte ich ihm gern sowas gesagt.
„Was für eine Schwiegermutter, Alter? Du bist nicht nur blind. du bist auch blöd, ich gehe zur Disco und nicht zu meiner Schwiegermutter, Schnauze ..., ja? Deine 'Schwatzerei' nervt mich langsam, außerdem habe ich keine Schwiegermutter, kapiert? Und lass mich in Ruhe, ich bin nicht dein

Angestellter, ich bin nicht dein Hinführer und ich bin auch nicht zu blind, um zu sehen, dass du mir mit deinem Geplapper auf den Wecker gehst. Ich kündige meinen Job heute bei dir und steige hier aus. Komm, nimm deine Sonnenbrille ab, es ist stockdunkel schon. Klar..., dass du so nichts sehen kannst. Wozu hast du diese Sonnenbrille noch an, die Sonne ist längst weg. Aber das machen auch alle Idioten im Sommer, sobald ein bisschen Sonne da ist. Als Angeberei. Man fühlt sich so wichtig hinter einer Sonnenbrille. Wie lauter berühmte Stars auf den Straßen. So fühlen sich viele armselig, hinter einer dicken Sonnenbrille."
Ich wollte ihm so vieles sagen, aber Hunde können nicht sprechen und das ist ein Jammer. Wir müssen jeden Blödsinn hören und dürfen nichts sagen. Wenn wir ein bisschen bellen, ist das schon viel zu viel und immer dasselbe.
„Sei ruhig, wird es bald?"
Dieses "wird es bald" geht mir wirklich auf den Wecker, nur in der Badewanne kann ich bellen, sonst nirgendwo. Stellt euch vor, wenn ich hier in dem Bus zu bellen anfangen würde? Da wäre ich sofort raus. Tollwutgefahr usw. Hunde dürfen nicht bellen, Hunde dürfen nur fressen und Gassi gehen. Klar, es ist schon gut so und wenn man nicht sprechen kann, ist es besser den Mund zu halten. Man erspart sich viel Blödsinn im Leben. Für uns Hunde ist alles sehr bequem, man hört und man sagt überhaupt nichts. So erzählen die Leute was sie wollen und wir müssen nicht mal eine Antwort geben. Einfach hören und fertig, wir hören sowieso nur was wir hören wollen. Insofern gibt es bei uns Hunden niemanden, der zu uns sagen muss.
„Du hörst nie zu."
Also, ich war im Bus und wusste nicht, wann ich aussteigen sollte, es waren zu viele Leute da und ich konnte gar nichts sehen, außerdem, der Mann traf mich an meinem Schwanz immer

wieder mit seinem Stock. Ich sagte mir: Der ist nicht nur blind, sondern auch ein Blödmann. Ich musste immer genau aufpassen, dass niemand mir mit dem Fuß auf meine Pfoten trat. Der Bus musste auf einmal halten und eine alte Dame wollte mit ihrem Hund einsteigen. Als der City-Köter mich bemerkt hatte, da machte er ein riesiges Theater.

"Moment mal, Kumpel, das ist mein Bus und das ist mein Revier", sagte ich zu ihm, um ihm zu imponieren. "Mach, dass du wegkommst, sonst knallt es hier!"

Das habe ich ihm gesagt, aber der Blödmann wollte sowas nicht kapieren und so bin ich hin- gegangen und zeigte ihm meine geputzten Zähne und machte wirklich so einen Skandal, das sage ich euch. Einer hätte in dem Moment den anderen am liebsten wirklich gefressen. Ich war laut und ich war verärgert. Da kommt dieser blöde Mann in meinen Bus und ich muss das tolerieren?

„Schnauze, ja du Penner! Das ist mein Bus und keinen Ton möchte ich von dir hier hören," gab ich ihm dann meine Anweisung.

Wir sind eigentlich sehr laut geworden, die Leute schimpften und der Fahrer schrie da vorn am Steuer.

„Hey ihr Alten, nehmt eure Hunde an die Leine und sorgt dafür, dass es keinen Lärm hier gibt, das ist ein Bus und kein Tierheim! Sonst fliegt ihr alle beide raus."

Der Bastard, der City-Hund, wollte mich nicht in Ruhe lassen und bellte mich weiter an. Ich verlor meine Geduld und packte diese Bestie richtig an seinem Ohr, so dass er sofort außer Gefecht war und ich bekam Busverbot für immer. Schon wieder ein Hausverbot, das Zooverbot von Münster hätte eigentlich schon gereicht.

Der Busfahrer hatte seine Geduld verloren und war sehr sauer auf uns.

„Ok ... Alter, nehmen Sie Ihren Hund und bis bald. Sie

müssen aussteigen, das ist hier kein Platz für einen solchen Hund wie Sie ihn haben. Tut mir leid. Auch wenn Sie blind sind. Los, aussteigen, alle beide!"
„Das ist nicht mein Hund, ich kenne ihn gar nicht. Er verfolgt mich nur."
„Ich habe keine Lust auf solche Geschichten, nehmen Sie Ihren Hund und steigen Sie bitte aus. Sonst ist in ein paar Minuten die Polizei hier und nimmt Sie beide in den Knast. Bitte aussteigen."
Die Leute waren entsetzt, dass der blinde Mann aussteigen musste und fingen eine große Diskussion an, bis zum Ende der Welt. Die Buspassagiere wollten nicht erlauben, dass der blinde Mann aussteigen musste, aber ich musste raus. Dann dachte ich mir, jetzt ist es mit meiner Disco schon aus. Wie komme ich wieder zu einem Bus? Ja, schon gut. Ich bin ausgestiegen und habe gesehen, wie der blinde Mann mir winkte. Bestimmt wollte er von mir Abschied nehmen. Ich dachte mir.
„Mit solchen Freunden braucht man keine Feinde mehr. Anstatt mich in Schutz zu nehmen, sagte er einfach:
Ich kenne ihn gar nicht! Das ist nicht mein Hund."
"So ein Feigling!"
Ja, das kennen wir aus den Nazi-Zeit schon, wenn die Sache ernst wird, dann kennt einen kein Mensch mehr. Zum Glück konnte ich schon die Aral-Tankstelle sehen, bis dahin hätte ich es in 15 Minuten geschafft. Die Disco war ein ganz tolles Haus, mit viel Farbe und großer Schrift. Lesen kann ich nicht, aber alles imponierte mir schon. Meine Frage war nur:
„Wann geht es in dieser Absteige los?" Die andere Frage war:
„Wie komme ich rein?"
Ich ging einfach zur Tür und da stand ein Mann, der

schwarz angezogen war, mit Funkgeräten im Ohr. Ich dachte mir, der kann bestimmt nicht gut hören, deswegen braucht er diese Hörgeräte. Der Mann war ein Türsteher, genau wie aus dem Bilderbuch. Der sah wie ein Türke aus und die Türken können Hunde nicht leiden. Aber mir war es egal, ob er meine Sprache konnte oder nicht, ich wollte nur rein, um zu sehen, ob in einer Disco was Besonderes ist, wie man immer hört. Als dieser Türsteher mich gesehen hatte, sagte er sofort.
„Na Alter, zu dieser Uhrzeit noch unterwegs, hat man heute im Zoo die Tür offen gelassen? Wo ist deine hübsche Lady? Was machst du hier allein? Brauchst du Haschisch, Marihuana oder sowas? Wenn es so ist ... Du bist hier an der falschen Adresse, Mann."
Ich frage mich, warum darf ein Hund nicht allein durch die Stadt laufen? Wir sind nicht so dumm, wie ihr denkt. Aber vergessen wir das. Ich wollte in die Disco rein. Nun, dieser Mann war vor mir und redete nur blödes Zeug. So, dachte ich mir. Ich muss mich mit Gewalt da reinquetschen. Dann versuche ich zwischen seinen Beinen durchzukommen.
„Moment Freund, da darfst du nicht rein, ohne Smoking sowieso nicht, heute ist ein spezieller Tag. Kavaliere nur mit Smoking. Hunde bleiben sowieso draußen! Geh nachhause: „Merhaba, Merhaba arkadaş, Merhaba, merhaba yakında ... Güle ... güle."
Verstanden habe ich gar nichts, aber wusste was er meinte. Irgendwann wird hier in der Schule die türkische Sprache noch Pflicht und Deutsch ein Nebenfach. Wartet bloß ab. Das sagt Tante Tina immer wieder.
„Willst du eine Zigarette, Alter?"
„Nein danke, Alter", antwortete ich in dem gleichen Ton wie er.
„Ja Freund, heute geht es hier nur mit Smoking, du bist

schwarz angezogen, aber dir fehlt noch deine Fliege. Ohne die geht es nicht! Geh nachhause."
Smoking? Anzug?, fragte ich mich, was hatte das alles mit dem Rauchen zu tun. Ich wollte ihm erklären, dass ich ein Nichtraucher bin, dann kapierte ich, was er meinte, das war irgendwas mit einem solchen blöden schwarzen Anzug mit Schlips. Er schubste mich auf die Seite, weil mehr Leute reinkommen wollten, und das hat mir gar nicht gepasst. Er sagte noch dazu.
„Na ..., du kleine Bestie, geh nachhause, mach, dass du wegkommst. Hier ist kein Tierheim, kapiert? Na ... los..."
Ich hätte ihm gern auf die gleiche Weise eine passende Antwort gegeben.
„Ja, mein Freund, pass gut auf, auf deine Eier, sonst gibt es hier bald Bodyguard-Eier auf dem Tablett serviert."
Das hätte ich ihm glatt sagen können. Er war stark, aber ich war schon Herr der Lage und ohne zu viel zu denken, versuchte ich doch reinzukommen, dann schubste er mich wieder auf die Seite, mit etwas Gewalt. Das war dann zu viel, klar, meine Reaktion war schnell, ich bin doch ein Bodyguard. Ich biss ihm in seine Waden, dann schrie er wie ein Kind und ich sagte mir.
„Zieh Leine du Blöder, du Arkadaşl, du Gigolo aus Istanbul, ich bin der Chef hier. Du hast gar nichts zu sagen und machst jetzt Platz."
Es dauerte gar nicht lange, dann kamen viele andere Türsteher und ich merkte, dass „Time to go" angesagt war. Ich rannte weg und die hinter mir her, die waren eigentlich gut trainiert und das machte mir Spaß. Ich sah nur nach hinten und sagte.
„La ... la ... la ... la ... ah ..., fang mich ..., du blöder Nasenbohrer, fang mich, lala la ... la...la."
Nach mehreren hundert Metern gaben die auf und ich

hätte noch weiterrennen können, ohne Probleme. Durch meine Chefin war ich sehr gut trainiert. Jeden Tag war ich im Wald bis zu 40 Kilometern gelaufen, ein kleines Rennen mit den Türstehern war für mich also kein Problem. Die hatten doch keine so gute Kondition, waren gleich atemlos und mussten sofort aufgeben.

„So ist es gut Jungens, jetzt ab ins Bett mit euch und lasst mich rein."

Ich versteckte mich, weil ich Blaulicht sah, das war die Polizei, die mich bestimmt schon suchte. Vielleicht hatte auch Tante Tina schon die Polizei alarmiert, weil ich nicht zuhause war. Dieses kriminelle Leben, das ich vor einigen Stunden anfing, machte mir Spaß. Ich hatte mich vor der Polizei verstecken müssen, dem Bodyguard wegrennen müssen, ein Blindenführhund sein müssen - das war auch toll. Noch dazu, allein mit dem Bus zu fahren war schon geil. Das war wirklich cool. Jetzt musste ich nur schauen, wie ich in die Disco reinkonnte. Klar, ich wusste, das Beste wäre gewesen, durch die Hintertür zu gelangen, da kommt man immer rein. Es gab sehr viele junge Leute, die in der Disco schrien, tanzten und sangen. Ich konnte von Weitem die Musik hören. Die Musik war schon verdammt laut. Das gefiel mir auch sehr. Vor dem Gebäude war ein großer Lichtstrahl, der Schein wurde bis zum Himmel geschossen.

„Mit so viel Licht wird Gott heute nicht gut schlafen können."

Ja, die Strahlen gingen bis ganz hoch zum Himmel.

„Vielleicht haben die irgendwelche Flugzeuge am Himmel gesucht, die verlorengegangen sind."

Am Schluss dachte ich mir, die wollen nur sehen, ob Gott zuhause ist und ihn dann ärgern. Hinter dem Gebäude gab es ein großes Tor für LKW. Das war der Lieferanten-Eingang, und das Tor war offen. Bingo!!!, sagte ich mir. Jetzt

nur rein. Ein Mann war beschäftigt mit seiner Lieferung, das war ein Auto von Coca Cola, er hatte mich kaum gesehen. Ich ging rein und sofort kam wieder ein Mann zu mir, der auch schwarz angezogen war und sagte.
„Hallo Bravo, dein Frauchen ist dahinten, sie muss aufs Klo. Du musst hier warten, ok?"
Der hatte mich verwechselt mit einem anderen Hund. Ok, dann habe ich so getan, als ob ich wartete. Während er sich mit dem Lieferanten mal kurz unterhielt, ging ich vorsichtig weiter und plötzlich war ich in der Disco drin. Mein Gott, das war geil, einfach monumental, sowas zu erleben. Dieses ganze Licht und die laute Musik, ich dachte nur an meine Cousine Melanie, die auch sehr gern zur Disco geht. Das war geil, Mann. Klar, ich musste mich gut verstecken und da drin war es kein Problem, ich war schwarz angezogen und alles war auch ziemlich dunkel, so dunkel, dass man fast nichts sehen konnte. So war es. Ich blieb ganz brav in einer Ecke, wollte schon eine Bedienung rufen und sagen.
„Hey Mädchen, bring mir ein kaltes Bier, aber schnell, ok? Noch dazu, bringst du zwei Packungen Zigaretten, vorher bringst du mir einen starken Kaffee, ich schlafe fast in dieser Absteige ein. Es ist hier bei euch nix los, sage ich dir, Mädchen. Berlin, dahin müsst ihr mal kommen." Ich wollte einfach angeben. In Berlin war ich niemals in meinem Leben, aber so machen die Menschen das auch, die sagen: "Manchmal muss man schon ein bisschen angeben, sonst kommt man nicht weiter. Goethe sagte schon:
„Wer angibt, der hat mehr vom Leben."
Ich habe vieles bei meiner Tante Tina gelernt. Ach ... wenn ich sprechen könnte, dann würde ich noch mehr angeben.
„Hallo Mädchen, sag deinem Vorgesetzten, dass ich ihn dringend sprechen muss. So eine heruntergekommene Spelunke habe ich schon lange nicht mehr gesehen. Wir müssen

darüber reden". So würde es auch bestimmt der Bernd, der Exmann von Tante Tina, sagen. Weil er so autoritär ist. Der war auch mit seinem Fernsehen verheiratet, das sagte Tante Tina immer wieder.

Aber ich habe nichts bestellen können. Klar, ich habe weder Taschen in der Hose noch Geld, ich hatte kein Geld, ja, weil ich ein Hund bin, nicht mal ein Wasser konnte ich bestellen. Ich hatte schon ganz großen Durst. Auf einmal trat jemand auf meinen Schwanz und ich wollte schon meine Zähne einer schönen Frau in die Beine hauen. Dann dachte ich mir. „Langsam Junge! Heute, hast du schon genug Ärger gehabt." Es war ein Mädchen, ich konnte es gar nicht richtig sehen, aber es gefiel mir gut. Es waren schon drei Mädchen zusammen. Geil, sagte ich mir. Eine davon bemerkte sofort, dass irgendwas da war. Zum Glück fing sie nicht an zu schreien.

„Schau mal, ein Hund hier bei uns in der Disco, ist das nicht cool, er sieht so aus wie mein Opa."

Was?, frage ich. Ich sehe so aus wie ihr Opa? Du bist vielleicht aus Bulgarien Mädchen und ich sehe aus wie dein Opa? Verpiss dich, du altes Weib.

„Was macht ein Hund hier allein bei uns? Sollen wir den Disco-Besitzer rufen?"

Nein, bloß das nicht, du blöde Kuh, lass mich hier bleiben, jetzt geht die Party ab. Ich war da drin und hatte schon drei Mädels am Hals. Besser konnte es nicht sein. Eine Blondine hatte sich sofort in mich verliebt, umarmte mich und küsste mich ohne Ende. Ich dachte mir.

„Jeah, so habe ich mir diese Disco vorgestellt. Ja, jetzt können wir loslegen. Wo bleiben mein kaltes Bier und meine Packungen Zigaretten, Baby?"

Die Musik war sehr laut, für meine Ohren war es manchmal grausam. Diese riesigen Lautsprecherboxen machten mich fast verrückt, aber das alles war neu für mich und ich fand es super da drin zu sein.

„Willst du mit mir tanzen?", fragte mich eines von diesen Mädchen.

Ich dachte mir, warum nicht, ich wollte schon mal auf die Piste gehen, dann sah ich den Bodyguard von vorhin, dem ich in seine Beine gebissen hatte. Insofern blieb ich, wo ich war und das Mädchen musste allein tanzen. Ich musste mich hinter drei Zuckerpuppen verstecken, damit niemand mich entdeckte, sonst wäre ich auf die Straße geworfen worden. Die Mädchen saßen in einer Ecke wie ich und von da aus hatte ich alles im Griff, konnte alles beobachten. Wir kamen in Kontakt und die waren wirklich cool zu mir. Ich dachte nur:

„Wann bekomme ich hier was zu essen und zu trinken? Schlechte Gastgeber sind die hier, in dieser Hölle."

Ich glaube, der Teufel, wenn er nichts zu tun hat, macht Urlaub da drin, in dieser Infernal Disco. Die Musik kann jedermanns Nerven strapazieren. Reden kann man kaum, in der ganzen Nacht ertönt diese Disco-Musik, mit eintönigem Bass und solchen Lärm, den kann man kilometerweit hören. Nach einer bestimmten Zeit, die ich dort hinter den drei Mädchen war, um nicht gesehen zu werden, bewegte ich mich fast gar nicht, weil der Bodyguard ständig vorbei lief. Dann plötzlich kamen die Mädchen mit Pizza und Bier in den Händen. Jede hatte ein riesiges Glas Bier. Ja, die haben Bier mitgebracht, so circa zwei Liter, dachte ich mir. Die Pizzen sahen auch toll aus. Die haben fleißig in die Pizzen gebissen und ich sagte nur ...

„Hey Baby, und der Onkel hier bekommt nichts?" Um klar zu machen, dass ich auch Hunger hatte, habe ich mit meinen Pfoten an der Tür geklopft und gesagt.

„Oh, hier ist noch der Hund, oh, der Arme, der ist schon so

lange bei uns, er hat schon bestimmt großen Hunger."
Und so bekam ich von jeder ein großes Stück Pizza. Die tranken das Bier langsam und hatten neben mir ein großes Glas auf de Boden gestellt, weil die keinen Tisch hatten. Ich schaute nur dieses komische Getränk an und dachte mir: Wenn diese Zuckerpuppen das trinken, dann kann ich es auch, es riecht grauenvoll, aber was soll ich tun, wenn ich so einen gewaltigen Durst habe? Also, als eine nicht aufpasste, habe ich dann meine Zunge ins Glas getan und fing an zu trinken. Es schmeckte lecker. Die standen dann auf und gingen tanzen. Also, da standen drei volle Gläser, mit dem besten deutschen Bier das ich je getrunken hatte. Na ja. Wie man so sagt:
„Das Bier, der Mann im Mann." Für mich war nur: „Das Bier, der Hund im Hund,"
Ich kannte diese Aussage nur durch die Fernsehwerbung. Ohne zu zögern trank ich ein Glas nach dem anderen. Plötzlich hörte ich in meinen Ohren eine süße Stimme.
„Hey Kumpel, hast du Durst? Dann probier das mal. Damit gehst du hoch wie ein Rakete."
Das war ein Russe, ich konnte es an seiner Stimme merken, dass er ein Russe war. Er stellte ein Glas neben mich und ging fort. Es war Coca Cola mit Wodka. Mit drei Bieren war ich schon happy und fröhlich, ich hätte Frau Obama einen Kuss auf die Schnauze geben können. Mann, das war geil, ich genoss das richtig. Die Musik könnte noch lauter sein, das hätte mir jetzt gar nichts mehr ausgemacht. Der Russe hatte sein Glas da hingestellt und ging auch tanzen. Ich, der Disco-Benny, ohne viel zu überlegen, schluckte auch seine Cola mit Wodka runter. Es war bestimmt mehr Wodka als Cola da drin. Egal, ich habe alles runtergeschluckt, ich wollte alles probieren. Also, es war perfekt, ich hatte schon Freunde in dieser Spelunke gefunden, einen Bodyguard in die Wade

gebissen und hatte auch einen Russen als Freund, der mich gegen die Mafia bestimmt beschützen würde. Was wollte ich noch mehr? Nur pinkeln musste ich dringend. Eine Hundetoilette gab es da drin bestimmt nicht, nun, was sollte ich machen. Ich hatte gesehen, dass nicht weit weg von mir, ein gewaltiger Lautsprecher war, das wäre der richtige Ort, um mein Wasser abzulegen. Ich ging hin, niemand war in dieser Ecke, ich hob mein Bein, wie ein Sportler und legte los. Ich habe genau den Lautsprecher getroffen. Mann, das tat mir so gut, ich war schon halb oder ganz besoffen, so dass ich anfing zu jaulen, zu bellen und zu singen. Und zwar so laut ich konnte, und ich bellte auch. Keiner hörte es, weil die Musik so laut war. Ich konnte bis zum frühen Morgen singen und schreien vor Freude, und so fing ich an zu singen:

„I´m so happy, I'm so happy, baby."

Auf einmal kamen kleine Feuer vom Lautsprecher und der war hinüber, die Musik war nicht mehr zu hören. Bestimmt war es ein Kurzschluss. Gott sei Dank konnte ich mit meiner „Pinkelei" diese monströse MUSIKBOX außer Gefecht bringen.

„Jetzt nichts wie weg hier."

Die würden schon bald merken, dass aus dieser Ecke keine Musik mehr kam. Dann nahm ich gemütlich wieder meinen Platz ein, da wo die Mädchen saßen und fühlte mich so happy und so froh wie noch nie.

„Mann, dieses Leben in der Disco ist schon geil",

dachte ich mir. Es fehlte nur, dass Dieter Bohlen bei unserer Party vorbei käme, und uns zu seiner Privatvilla auf Mallorca einladen würde. Die jungen Weiber kamen zur mir und merkten, dass kein Bier mehr im Glas war, und eine sagte sehr verärgert:

„Das war bestimmt dieser verdammte Russe wieder, der war

vorhin hier, ich habe ihn genau gesehen, der war da. Der trinkt alles von uns weg. Ich werde ihm noch eins auf die Eier verpassen."
Ich habe mich kaputt gelacht, und wollte nur singen, dann machte ich meinen Mund auf und sang so laut wie ich konnte, keiner bemerkte es, die Musik war wirklich sehr laut. Mein Gott, das war wirklich das Paradies. Die Mädchen waren alle in mich verliebt. Wenn Eva mich da sehen würde, würde sie bestimmt sehr eifersüchtig sein. Egal, wir waren nicht verheiratet, das hatte ich ihr schon oft gesagt, wenn wir uns stritten. Außerdem hatte sie nur Pferde in Kopf, vielleicht heiratet sie irgendwann ein Pferd.
Eines von diesen Mädchen saß neben mir und streichelte ganz zärtlich meinen Kopf. Was will man noch mehr? Klar, mit diesen Streicheleinheiten, drei Bieren und einem Wodka, mit Coca Cola dazu, dauerte es nicht lange, dann war ich schon auf einem anderen Planeten. Ich schlief wie ein Engel. So gegen vier Uhr wollten die Mädchen schon nachhause gehen.
„Hallo Hund." Die versuchten mich zu wecken, aber ich war fest am Schlafen und betrunken war ich auch. "Hallo Hund ... wir wollen nachhause. Mit wem bist du hier?"
Aber ich wachte gar nicht mehr auf. Und eine sagte dann zu mir:
„Also, ade! Pass gut auf dich auf, es war schön mit dir hier zu sein."
Mein Gott, ich hatte so einen Kater, ich konnte gar nichts antworten, ich wollte nur weg, die Musik hatte meinem Kopf fast zerplatzt.
„Also, pass gut auf dich auf, mein Lieber. Bis nächstes Mal. Du bist cool," sagten die Mädels zu mir.
„Was?", fragte ich. "Hier alleine bleibe ich nicht, ihr müsst mich schon mitnehmen, ich bin noch minderjährig. Die

Polizei wird mich schnappen und einsperren."
Ja. Die untreuen Tomaten gingen weg und ich konnte kaum laufen, aber rannte doch hinterher, fast wie auf zwei Beinen. So macht man das, wenn hübsche Weiber unsere Wege kreuzen, dachte ich mir.
„Willst du mit uns kommen, Alter? Ok. Ab nach Hause, ich wohne auf einem alten Bauernhof, da haben wir genug Platz für dich. Und andere Hunde auch."
Und so ging ich mit allen drei hübschen Damen raus. Der Bodyguard schaute mich an und sagte.
„Hunde dürfen hier nicht rein."
„Du Blödmann, er geht nicht rein, sondern er geht raus. Kapiert? Du 'Body-Scheißer', er gehört zu mir," sagte eines von diesen entzückenden Mädchen. Mein Gott, das Mädchen war hart. Vielleicht sollte man wirklich manchmal im Leben so sein wie sie. Das fand es toll, so reden zu können. Ich kann es so weit nicht bringen, ich kann nicht so mit jemandem reden, ich beiße ihn gleich in den Hintern und fertig. Das tut verdammt weh, sage ich euch. Freunde zu haben ist was Tolles.
„Aber, was machen wir mit ihm, wir können nicht einfach einen Hund mitnehmen, er hat bestimmt ein Zuhause."
„Ja, wir werden schon rausbekommen, wem er gehört, ein Freund von mir ist bei der Polizei, ich werde seine Plakettennummer durchgeben und dieser Freund wird schon rausfinden, wo er wohnt. Die Leute können ihn dann bei uns abholen. Aber dass ein Hund in die Disco geht, das finde ich geil!"
„Nun, dass er unsere Biere getrunken hat, das fand ich gar nicht schön, nicht wahr, du alter Stinker?"
So gingen wir zusammen, ich konnte kaum laufen, ich war wirklich sehr müde und besoffen. Dann kamen wir zu einem Auto. Die haben ein tolles Auto gehabt, mit sehr viel Platz

für mich. Ich bin ohne zu zögern eingestiegen und die fuhren weg, ich dachte, wir wären in einem Flugzeug. Im dem Augenblick wollte ich nur schlafen, sonst nichts. Das habe ich auch getan, geschlafen, geschlafen und geschlafen, das wollte ich für immer und ewig. Sobald die nachhause gekommen waren, haben die meine Hundemarke, so eine Plakette, die alle Hunde bei uns am Hals tragen, angeschaut, wegen der Nummer und diese an die Polizei weitergegeben. Und so dauerte es nicht lange, dann bekamen die Mädchen mit, dass Tante Tina meine Chefin ist. Mein Gott, nach allem was ich hörte, während der Zeit, die sie miteinander telefonierten, dachte ich mir, dass der Tag nicht ein Spaß werden würde. Tante Tina war sehr aufgeregt und nervös.
Bestimmt würde es großen Ärger geben. Sehr großen Ärger sogar. Es war noch sehr dunkel, ich denke, es war noch etwa fünf Uhr morgens, die hatten Tante Tina mitten in der Nacht geweckt. Darüber habe ich mich sehr gefreut. Die „Tussi" schläft samstags oder sonntags immer bis elf oder 12 Uhr.
„Ja, Sie können ihn später abholen, wir kommen eben von der Disco und sind totmüde, heute gegen 12 Uhr können Sie vorbeikommen. Wie heißt er denn?
„Dieser faule Sack heißt Benny. Der macht nur Ärger zurzeit. Ok …, danke. Wir kommen dann so gegen 12 Uhr vorbei."
„Benny? Aber der ist so süß… Ok. Gute Nacht. Kommen Sie dann später zu uns, die Adresse haben Sie schon, wir können zusammen frühstücken, Benny ist ein ganz toller süßer Hund. Der ist wirklich süß."
„Wo haben Sie ihn gefunden?", fragte Tante Tina entsetzt.
„Ja, der war in einer Disco, bei uns."
„In einer Disco? Benny, nachts in einer Disco?"
Als ich das hörte, hätte ich meine Hose vollmachen können vor Lachen. Ich konnte mir vorstellen, was für ein Gesicht

Tante Tina machte, als sie das hörte. Das war gar nicht zu fassen. Zuhause, bei dem Mädchen, gab es Pizza und ich habe sie gegessen, genug Wasser getrunken und sprang ohne zu zögern ins Bett, es war ein großes Bett, mit Platz für uns alle.

„Schau mal, der Benny, der hat es gut, der liegt auf unserem Bett und schnarcht schon."

Am Morgen, gegen Mittag, so gegen 12.30 Uhr, klingelte jemand an der Tür. Ich hörte nur von weitem die Stimme, aber vor lauter Kater und Pizza von gestern konnte ich kaum einordnen, wer es sein könnte. Ja, als wir zuhause waren bei dem Mädchen, gab es noch ausreichend Pizza für alle.

Jemand kam rein, in unser Schlafzimmer und sah dass ich, zwischen drei halbnackten Mädchen, ganz fröhlich und vollkommen happy, einfach so da lag und schlief wie ein Baby, oder wie ein Monster. Alle drei haben noch tief geschlafen und ich auch. So wie das Leben ist: Diese Frau war Tante Tina und sie veranstaltete ein riesiges Theater.

„Das darf nicht wahr sein!", schrie Tante Tina rum. "Benny, sofort raus. Das gibt es gar nicht, dass du in deinem Alter schon in die Disco gehst und wachst hier auf, mit diesen drei Weibern im Bett. Das geht mir zu weit, nicht mal mein Sohn mit 19 Jahren macht sowas. Mach, dass du wegkommst, sonst hole ich gleich den Bernd. Er wird dir was verpassen. Du verdammter Köter, du Weiberheld. Wo gibt es schon sowas? Ich kann das nicht fassen. Du bist eine Schande für unsere ganze Familie. Was wird meine Mutter sagen, die dreimal pro Woche zur Jehovas Versammlung geht, und die Bibel auswendig kennt. Was wird sie jetzt über dich sagen? Zur Hölle mit dir. Meine Mama geht da hin und betet noch für dich, für deine Seele. Die Ältesten, die würden sagen, du gehörst in die Hölle. Ja, da gehörst du hin, aber ohne Weiber und ohne Disco!"

Ich hätte was sagen können, wie zum Beispiel.
"Schon gut, Tante Tina, ich gehe schon, aber lass die Mädchen schlafen. Die können nichts dafür, wir sind nur gute Kumpel, es ist nichts zwischen uns passiert, ich bin noch Jungfrau. Halt's Maul oder gleich knallt es". Aber manchmal ist es besser zu denken und nichts zu sagen.
Mein Gott, ich konnte dieser Frau das Leben schwer machen. Aber ich bin mehr für Frieden, ja mehr für den Dalai Lama als für den Präsidenten Bush, mit seiner Kriegsmaschinerie. Ja, alles geht ums Geschäft. Ein Mensch hat keinen Wert mehr. Aber nichts wie weg von hier, die Mädchen müssen alle unter die Dusche.
Die Luft im Zimmer war zum Schneiden.
Draußen bin ich ganz schnell ins Auto eingestiegen, meinen Schwanz hatte ich ganz gut zwischen die Beine gezogen. Wir fuhren sehr schnell nachhause. Unterwegs musste ich noch ihr Schimpfen ohne Ende hören. Wir kamen nachhause und Eva schrie mich auch richtig an.
 „Was für ein Strolch-Hund bist du geworden, Benny? Du stinkst nach Weibern, Zigaretten und Alkohol. Ja, nach Weibern stinkst du, das ist zum Kotzen! Mein Gott, Benny, du bist eine Schande für unsere Familie. Mama, ruf mal in der Seifenfabrik an, die können Benny morgen abholen. Nein, am besten sofort abholen. Das reicht mir. Die Oma werden wir anrufen und ihr auch alles erzählen. Um Himmelswillen, du bekommst von ihr gar nichts mehr zu fressen, wenn wir bei ihr zu Besuch kommen. Zur Hölle mit dir, Benny. Du bist ein Versager, ein abstoßender Versager, das bist du."
Was sollte ich sagen. Ich hatte geilen Spaß gehabt, ich hatte eine Disco gesehen und erlebt. Ich weiß wovon ich spreche. Melanie kommt bald zu uns und ich werde mit ihr schon darüber reden können. Melanie ist meine Cousine aus Ar-

gentinien, ich kenne sie nicht, aber sie soll toll aussehen. Ja, wir werden zusammen in die Disco gehen. Ihr Papa, dieser alte Knacker aus Brasilien, kann zuhause bleiben, bei uns in der Disco, da hat er gar nichts zu suchen, der ist schon zu alt dafür. Der wird bestimmt da drin einschlafen, sogar in der Kirche beim Gottesdienst schläft er doch ein. Im Kino sowieso. Der mit seiner Bachtrompete, so was nervt ohne Ende. Wir nennen ihn:
„Den letzten Mohikaner." So nennen wir ihm. Er ist wie ein Papagei mit seiner Bachtrompete, niemand will von ihm was hören, aber er spielt trotzdem weiter. Nicht zu ertragen. Der ist das letzte Laientheater, sagt Tante Tina, und bleibt weiter auf der Erde, bis die Welt untergeht.
Licht aus, wir gehen nach Hause. Ich heiße Benny! Benny, merkt euch das,! Benny, der Bodyguard, der Disco-Hund, der Kannibale vom Handorfer-See, der Frauenheld. Ja das bin ich, und ich bin doch genau wie James Bond. Ich habe die Lizenz zum Beißen und zum Töten. Die Lizenz zum Fressen, die habe ich auch!!!
Gute Nacht Melanie, wir lieben dich. Licht aus, ich gehe ins Bett, das Leben mit Eva und Tante Tina geht mir richtig auf den Wecker. Aber ohne die wäre ich verloren. Die sind gar nicht so schlecht. Es ist wirklich nicht einfach, zwei Weiber von diesem Kaliber im Haus ertragen zu müssen. Unser guter Freund Bernd hat es gut. Er ist die beiden schon los. Jetzt bin ich dran. Für immer und ewig. So ein Pech! Aber der Disco-Abend war schon cool ... Es war genau wie bei John Travolta in: Saturday night fever. Olé ...

XVI *Wenn die Jahre des Lebens uns quälen ...*

Wie ich euch schon gesagt habe. So ist das unter den Menschen, die reden zu viel und hören gar nicht zu, vor allem, wenn man schon zu lange verheiratet ist. Die Ehe ist schon so ein Ding, die Leute lernen sich kennen, verlieben sich, heiraten, leben zusammen ein paar Jahre, dann fangen die gleichen Geschichten an. Eifersucht, Untreue, schlechte Laune, keine Zeit füreinander, jeder will sich durchsetzen ... etc. Mit der Zeit versucht einer den anderen zu erziehen, einer macht es so, der andere macht es eben anders, so wie er es gelernt hat. Im Laufe der gemeinsamen Jahre stört einen sogar, wie der andere aufs Klo geht und dass es hinterher zu stark riecht. Besser gesagt: Stinkt! Es ist schon normal, wenn jemand auf die Toilette geht und hinterher hinter sich einen BASF-Gestank lässt. Es ist in diesem Fall ganz normal, dass man seinen Geruch um die ganze Welt verstreut, wenn man auf dem Klo war. Aber, nach einer gewissen Zeit, ist das für einen Partner auch störend. Und beim Schlafen, eines Tages steht die Ehefrau mitten in der Nacht auf, und schreit verärgert.

„Hans, aber wirklich, so kann es nicht weitergehen, so kann man in diesem Haus nicht mehr schlafen, du schnarchst wie ein Elefant, ich kann neben dir gar nicht mehr schlafen. Du musst zum Arzt gehen. So geht es nicht weiter. Ich kann schon wochenlang nicht mehr in Ruhe schlafen. Mein Gott, Hans, was ist los mit dir? Je älter du wirst, desto lauter wirst du. Nicht nur beim Schlafen, auch wenn du aufs Klo gehst ist es dasselbe. Da machst du dein Geschäft so laut und stinkend, und wir müssen alles mithören und ertragen. Bei

dir zu leben ist genauso wie in Ludwigshafen bei der BASF. Was für eine Kraft hast du da hinter dir? Mein Gott, ein Posaunist ist dir gegenüber ein Blockflötenspieler. Du furzt wie ein Weltmeister und stinkst wie ein Stinktier. Wirklich, Hans, so geht es nicht weiter, ich brauche ein getrenntes Zimmer zum Schlafen. Kannst du bitte ein paar Tage im Keller schlafen? Ich kann nicht mehr. Das macht mich fix und fertig. Nach einer Nacht bei dir im Bett, bin ich frühmorgens einfach kaputt und ich muss jeden Tag zur Arbeit gehen. Kein Mensch hält das auf Dauer aus. Bitte schlaf mal ein paar Tage unten im Keller, da ist es gemütlich und auch warm, dort hast du deine Ruhe und du kannst schnarchen und furzen so laut wie du willst. Da wird dir kein Mensch etwas sagen, unten ist auch ein Klo, da kannst du dein Geschäft in Ruhe machen und stinken, so viel, wie du willst. Du kannst auch so laut sein wie dir lieb ist, da hört dich kein Mensch. Vielleicht hören dich die Ratten. Aber die haben das gern."
Klar ‚der Mann ist enttäuscht bei dieser ganzen Klagerei und denkt nur.
„Mein Gott, jetzt nach 30 Jahren plötzlich schnarche ich, furze ich so laut und kräftig, wie ein Elefant. Mein menschliches Bedürfnis ist ihr auch zu viel geworden. Ich sollte am liebsten meine Koffer packen und zur Caritas am Hauptbahnhof gehen. Im Keller muss ich jetzt auch schlafen. Am besten soll ich, nach ihrem Willen, ausziehen und alles hinter mir für sie lassen. Ja, vielleicht genau wie ihr Cousin das schon gemacht hat. Ich denke, das würde sie gern haben. Nicht, wahr? Aber nicht mit mir, das ist mein Haus und ich furze so laut und so lang wie ich will. Scheiß Weiber! Hat sie vielleicht einen Anderen im Visier? So könnte es sein ..."
Die Frau gibt nicht nach und schreit weiter durch die Welt.
„Hans, hörst du mich überhaupt?"

Das kennt ihr schon, das kommt überall und sehr oft vor. Die Menschen sind nicht wie die Vögel oder wie die Affen geboren, um immer zusammen zu leben. Irgendwie explodiert der Kochtopf.
Und die Frau veranstaltet weiter ein Theater, mitten in der Nacht.
„Noch was Hans. Gestern dein schmutziger Witz beim Abendessen war nicht angebracht, die Kinder verstehen sowas nicht, und meine Mutter hat das auch nicht gern. Du hast gesehen, was für ein Gesicht die Leute gemacht haben. Das war nicht passend von dir. Du musst dich mit deinen Witzen doch etwas beherrschen. Die Leute lachen. aber die lachen mehr über dich, als wegen deiner Witze. Merkst du das nicht? Mir tut sogar leid, wie du dich so blöd benimmst und dir vorkommst."
"Mein Gott", sagt der Mann zu sich selbst. "Meine Fürze stinken so, dass ich im Keller wohnen muss, meine Witze sind nicht mehr gut genug und ich schnarche so kräftig, dass sie nicht mehr schlafen kann. Es wird immer besser hier. Was will sie denn, die Scheidung?"
Ja, genau so ist es mit einer alten Ehe. Als Hund, meiner Meinung nach, denke ich, dass die Leute, wenn sie heiraten, sollten sie von vornherein ausmachen, dass sie drei Monate zusammen schlafen, danach, jeweils nach diesen drei Monaten, sollte jeder sein Zimmer haben, mit Bad, Fernsehen und allem, was ein moderner Mensch braucht. So hätte jeder seine Ruhe. Wenn, zum Beispiel, einer früh ins Bett gehen will, muss der andere nicht warten, bis der Mann oder die Ehefrau auch ins Bett kommt. Jeder für sich und Frieden für alle im Haus. Hunde machen alles besser. Wir heiraten gar nicht, wir bekommen Kinder, und wenn die Kinder da sind, dann müssen unsere Herrchen und Frauchen alles bezahlen. Ja, die müssen auch unsere Kinder ernähren. Wir

sind da, wir spazieren und fressen ohne Ende, so ist es eben bei mir. Ist das nicht praktisch? Wir kümmern uns um gar nichts, leben wie der König in Frankreich. Schlafen, das können wir überall, dafür brauchen wir kein Bett. Wozu ein Bett für zwei Menschen, die schon lange nicht mehr zusammen schlafen wollen? Nur wegen Sex. Wegen ein paar Mal Sex im Jahr? Oder um zu zeigen, dass man immer noch zusammen bleiben will. Aber die Streiterei zwischen Hans und seiner Frau, geht jeden Tag weiter, zum Beispiel wegen solcher Kleinigkeiten.

„Hans! Du muss wirklich deine Socken ausziehen, wenn du ins Bett gehst. Das ist eine Schweinerei, mit den Tagessocken ins Bett zu gehen. Ja, mit den Socken, die man den ganzen Tag getragen hat. So geht man nicht ins Bett. Das macht man nicht, du machst unsere Bettwäsche damit ganz schmutzig und ich muss alles waschen. Hygienisch ist das auch nicht."

Hans ging 30 Jahre mit seinen Tagessocken ins Bett, eigentlich war dies für ihn klar und sehr praktisch, so musste man am nächsten Morgen nicht wieder die Socken anziehen und auch nicht ausziehen. Ja, früher hatte ihm keiner im Leben gesagt, dass er das nicht machen dürfte. Auf einmal, darf er nicht mehr mit den Tagessocken ins Bett gehen. Für ihn war das nicht erklärbar! Seine Frau hatte es nie zuvor gestört, dass er mit seinen Tagessocken ins Bett ging, 30 Jahre hatte sie niemals irgendwas darüber gesagt, und jetzt plötzlich, wollte sie es nicht mehr sehen. Aber Hans kann doch nicht begreifen, es waren früher immer die gleichen Socken gewesen und jetzt, auf einmal, soll das nicht mehr gehen. Hat vielleicht die Ehefrau im Fernsehen irgendwann gesehen, dass man mit den Tagessocken nicht ins Bett gehen sollte?

Ja, ja, ich bin nur Benny, davon verstehen Hunde gar nichts.

Vielleicht nur aus hygienischen Gründen, sollte man das nicht tun. Klar, wenn man überall war und manchmal die Schuhe ausgezogen hat, ist es angebracht, am Abend, bevor man ins Bett geht, neue Socken anzuziehen. Hunde haben solche Probleme mit Socken gar nicht und haben auch keine Ehefrau oder einen Ehemann daheim, die oder der immer was sagen will dazu, was einer machen darf oder nicht.

Das sind nur Kleinigkeiten, von denen sich früher keiner gestört fühlte, aber nach 20 oder 30 Jahren stört es plötzlich. Davor hatte man vielleicht solche Kleinigkeiten gar nicht bemerkt oder nicht wahrgenommen. Man isst zusammen, man geht ins Bett zusammen und eines Tages fängt einer an, dem anderen hinterher zu gehen und das geht auf die Nerven. Eines Tages kann einer den anderen nicht mehr sehen. Deswegen ist meine Meinung, dass die Menschen, die Ehepaare, getrennt schlafen sollten. Wenn man Sex haben will. Ok!!! Einer kann zu dem anderen gehen, um seine menschlichen Bedürfnisse zu erfüllen und wieder zu seinem Bett zurückkommen. Allein kann man schlafen, schnarchen und furzen, so laut wie man will. Kein Problem, warum nicht? Habt Ihr schon bemerkt? Urlaub ist auch so ein Ding. Das ist auch eine schwere Aufgabe für die Menschen, die zusammen bleiben müssen. Die Sache ist so. Wir Hunde, wir leben jeder für sich, es gibt bei uns keine Ehestreitigkeiten in dem Sinne. Ich habe keine Schwiegermutter, dann habe ich mit keiner Frau, also, Mutter meiner Frau, Streiterei, weil ich eben keine Frau habe. Ich habe keine Ehefrau, die mir sagen muss, dass ich vorm Insbettgehen meine Socken ausziehen muss oder nicht. Wenn ich ins Bett gehe, da mache ich was ich will. Ich schlafe in meinem Bett und kann schlafen so lange ich will, ohne dass jemand fragt.

„Schatz…,wollen wir jetzt frühstücken?"

Mein Gott, das zu hören, wenn ich noch schlafen möchte,

da würde schon bei mir das Messer in der Tasche aufgehen. Wenn ich einmal sowas höre, dann würde ich die Scheidung sofort einreichen! Ich kann mir nicht vorstellen, dass ich manchmal, wenn ich an meinem Schreibtisch sitze, oder bei der Mondbeobachtung bin, von jemandem plötzlich gefragt werde, ob ich mit frühstücken möchte oder nicht. Jeder hat seinen Mund und braucht den Mund von dem anderen nicht zum Frühstücken. Oder der Partner fragt zum Beispiel, wenn man überhaupt keine Lust hat außer Haus zu gehen.
"Gehen wir heute ins Kino? Hast du Lust, Schatz?" Wenn jemand so lieb fragt, kann man nicht nein sagen, oder? Aber es gibt schon Partner, die ärgern sich und gehen gleich in die Luft, wenn sie das hören. Einer will zuhause bleiben, weil vielleicht im Fernsehen was Tolles kommt. Oder einfach Fußball , zum Beispiel. Und so geht die Post schon ab.
„Was schon wieder ins Kino?"
„Warum schon wieder? Wir waren vor drei Monaten im Kino. Hast du keine Lust?"
„Heute nicht, heute kommt Fußball in Fernsehen, das möchte ich sehen."
„Ja, bei dir kann man nichts anders machen, als essen, schlafen und Fernseh gucken. Früher war das ganz anders."
Ja, als Hund weiß man alles besser und merkt alles ganz genau, was bei den Menschen abläuft. Es ist immer dasselbe. Zum Beispiel: Wenn eine Frau anfängt zu sagen.
„Früher war alles ganz anders."
Dann müssen die Männer sehr achtgeben. Und das ist der beste Anfang und die Möglichkeit eine Streiterei anzufangen. Man sollte schon in einer Ehe tolerant sein. Deswegen, sage ich euch, bleibt schön zusammen. Denkt nicht sofort an eine Scheidung, das ist teuer, sehr teuer. Nun bleiben wir noch bei dem Ehemann, der nicht ins Kino gehen will.

Warum? Weil Fußball im Fernsehen an dem Tag kommt, und die Geschichte geht eben so weiter. Der Mann ist beleidigt und reagiert plump.
„Was war früher? Was meinst du mit früher? Ich habe immer gern Fußball angeschaut, schon in der Zeit, als ich dich kennengelernt habe, jetzt plötzlich passt dir alles was ich mache gar nicht mehr? Du kannst ins Kino alleine gehen. Heute schaue ich mir Fußball an. So ist das! Geh schon, du kannst alleine gehen, hier ist der Autoschlüssel. Was willst du denn im Kino anschauen? Peter Pan, oder sowas? Jackie Chan? John Travolta? Sylvester Stallone? Jackie Chan und seine Kung-Fu-Filme? Oder einen Thriller? Dazu habe ich absolut keine Lust mehr. Außerdem, das kostet nur Geld. Und gerade in Moment haben wir kein Geld dafür. "
„Ja klar. Um 20 Uhr Nachrichten, um 20.10 Uhr Fußball und um 22 Uhr einen Krimi. So geht es mit uns Tag für Tag, schon seit fast 20 Jahren hier im Haus. Das ist wahr!"
„Ich weiß nicht, was du hast. Geh mal ins Kino, ruf eine von deinen „Tussi"-Freundinnen an. Niemand sagt, dass du nicht ins Kino gehen darfst. Du brauchst nicht meine Augen und Ohren um einen blöden Film zu sehen. Geh doch."
„Mein Gott, wenn es so ist, kann ich genauso gut allein leben. Dafür braucht man nicht verheiratet zu sein."
„Was sagst du? Was hast du vor? Bist du so unzufrieden, dass du plötzlich allein leben willst? Ok. Kannst du machen, aber die Kinder bleiben hier bei mir. Ich werde nicht ausziehen."
„Meine Kindern bleiben nicht bei dir, das kann ich dir schon sagen. Meine Kinder werden mit mir überall dorthin gehen, wohin ich gehe. Bei so einem miesen Vater wie dir werden die nicht bleiben."
„Ja. Plötzlich bin ich ein mieser Vater, aber wer jeden Tag um sechs Uhr aus dem Haus geht, der bin ich und nicht du.

Einer von uns muss für die Familie sorgen. Man kann Milch und Brot nicht wie das Obst von den Bäumen pflücken. Wer oft sogar am Samstag und Sonntag arbeiten muss, das bin ich. Aber du hast immer was zu meckern und zu klagen. Ja, klagen. Das kannst du sehr gut."
„Ja, so ist das! Du hast nie Zeit für deine Kinder. Du musst immer arbeiten. Du sagst immer, du hast was zu tun, ja, und wenn du nichts zu tun hast, dann suchst du was zu tun. Aber mit den Kindern machst du schon lange nichts mehr zusammen. Die vergessen langsam, dass sie einen Vater im Haus haben."
„Das geht mir zu weit! Basta! Ich gehe weder mit dir noch mit Königin Silvia heute ins Kino! Ich bleibe heute zuhause und schaue meinen Fußball an. Ist das klar? Ruf mal deine Mama an, sie würde gern ins Kino mit dir gehen, sie ist sowieso geschieden, sie hat genug Zeit, um mit dir ins Kino zu gehen. Ruf sie mal an. Aber ich bleibe heute daheim. Ist das schwer zu kapieren?"
„Lass bloß meine Mutter in Ruhe, das ist immer so mit dir. Immer, wenn was ist, dann musst du meine Mutter schon ins Gespräch bringen. Sie kann dich sowieso nicht leiden."
„Ach was?! Klar, ich bin nicht Ihr Typ. Gott sei Dank. Sie steht auf Machos aus Russland. Sie kann mich nicht leiden? Das ist mir neu. Das ist für mich wirklich neu! Dass meine Schwiegermutter mich plötzlich nicht mehr leiden kann, das ist wirklich neu. Was soll das sein?"
„Ach, das war immer so. Denk nicht, dass du der Traumschwiegersohn für sie früher warst! Sie hatte bei unserer Hochzeit nur Geduld. Ja, jetzt weißt du Bescheid."
„Hör mal, deine Mutter kann mich mal, auf so eine Schwiegermutter kann ich gut verzichten."
„Ja, jetzt weißt du, warum meine Mutter, deine Schwiegermutter, schon lange nicht mehr bei uns war."

„Nein, das weiß ich nicht und ich führe auch kein Tagebuch, um zu wissen wann deine Mutter hier war oder nicht. Mir ist das doch egal. Ich habe keine Ahnung, wann sie da war oder nicht. Außerdem, es ist schon kurz vor acht und ich möchte meine Nachrichten sehen. Mach, was du willst. Und noch was und noch einmal ... Deine Mutter kann mich mal. Ich brauche sie nicht, ich habe schon die Tochter, die noch schlimmer ist als die Alte. Ist das klar?"
"Ich werde meiner Mutter das sagen, sie würde sich sehr darüber freuen."
„Sag, was du willst, ich möchte nur meine Ruhe haben, geh mal zum Teufel oder ins Kino, wie du willst. Und nimm gleich deine Mutter mit. Ja, zum Teufel, du und deine Mutter, beide zusammen. Bitte, ich habe genug Stress bei meiner Arbeit gehabt, ich brauche keinen Stress bei mir zuhause. Zuhause sowieso nicht. Wenn ich müde heimkomme, ist es fast jeden Tag dasselbe mit dir. Lass mich bitte in Ruhe, ist dir das klar?"
„Mir ist klar, dass du deine Ruhe brauchst! Es war immer so, im Bett brauchst du auch deine Ruhe, da läuft schon lange nichts mehr zwischen uns."
„Und denkst du, das ist allein meine Schuld?"
„Ach, ... wir sind wie ein altes Ehepaar geworden. Nein, das Leben mit dir ist wirklich langweilig. Wie sollte es sein? Ja, sag es mir, wie wird es wirklich einmal sein, wenn wir alt sein werden? Wenn es jetzt schon so ist?"
„Wie? Ich kann dir es schon jetzt sagen. Beschissen! ... So wird es sein zwischen uns, wenn ich meine Rente bekomme und jeden Tag zuhause bleiben muss."
„Dann fang jetzt schon an dir Gedanken darüber zu machen. Später wird es zu spät sein."
„Ja, für dich ist alles ganz einfach", sagt der Mann sehr verärgert.

„Keine Sorgen, mach dir keine Sorgen darüber, wenn du alt geworden bist, dann stecken wir dich in ein Altersheim, dann haben wir alle hier Ruhe im Haus vor dir. Und zwar für immer!"
„Ja, dann hast du dein Fernsehen jeden Tag, von morgens bis abends, allein für dich. So ist das!"
Und so geht die Diskussion weiter und weiter, das kennt jeder, der schon lange verheiratet ist. Ich dagegen, als Hund, beobachte alles ganz genau und meine Chefin studiert auch Psychologie. Ja, dieses Studium, das man macht, wenn man mit sich selber sprechen will und wenn man mit sich nicht mehr zurechtkommt. Vergessen wir das! Ich bin nur ein Hund, ich habe gar nichts zu sagen und eine Schwiegermutter habe ich mir auch erspart. Das Leben kann so einfach sein.
„Tante Tina, gibt es schon was zu essen?"
Ach, ... das ist immer dasselbe, sie klammert sich jeden Tag stundenlang ans Klavier, übt Mozart, Bach und Händel und wir müssen hungern. Gut. dass wir nicht verheiratet sind. Sonst würde es gleich Krach geben.

XVII *Gebet eines Hundes*

Ich danke Gott jeden Tag
Dass ich so eine nette Familie
Gefunden habe.

Ich weiß es zu schätzen
Auch wenn ich manchmal
So frech und kritisch bin
Und auch wenn ich manchmal
So wie ein Schwein aussehe
Und dazu stinke wie ein Bär.

Möge Gott mich nicht vergessen
Ich bitte Gott auch
Dass er unsere Tante Tina
Beschützen möge
Und Gott möge ihr Klavier
Irgendwann zum Sperrmüll schaffen.

Ich bin mit allem im Leben zufrieden
Aber diese Überei von Chopin, Bach,
Villa Lobos und Braz
Das geht mir über die Hutschnur
Ich bin ein Christ und für Frieden bereit
Aber diese Pianistin
Könnte ich manchmal
Einfach so wie eine Bratwurst einwickeln.

Möge Gott mir Geduld geben
Um alles ertragen zu können
Wenn nicht ...
Melde ich mich bei der Wasser-Polizei
Dort wäre ich
Bestimmt besser aufgehoben
Liebes heiliges Trockenfutter
Hilf mir Tante Tina
Weiterhin zu ertragen
Amen, dein treuer Hund – Benny.

„Tante Tina"   Acryl 40x50 cm   © D. Braz

XVIII *Tante Tina und der Offizier*

Ich möchte euch wieder eine schöne Geschichte erzählen und ich hoffe, ganz viele Leute kaufen und mögen dann das Buch. Wo wir wohnen ist ein Militärgebiet. Man darf nicht einfach reingehen ohne eine Forstgenehmigung, das Militär, die Soldaten, diese Kinder in Uniform, müssen in Ruhe da toben und Krieg spielen. Das ist auch ein Naturschutzgebiet, es sind so viele Tiere da, dass niemand denken kann, dass es wilde Bullen, Wildschweine und manche Vogelarten nirgends mehr in Deutschland gibt. Da, in diesem schönen Wald, gehen wir oft spazieren und wir laufen stundenlang hin und her. Der Jakobsweg führt direkt an unserem Haus vorbei. An Feiertagen, wie zum Beispiel am 1. Mai, treffen sich dort tausend, wirklich X-tausend Menschen, die vorbei laufen und eine Rast machen. Gewöhnlich sind Soldaten dort unterwegs und patrouillieren, um zu verhindern, dass jemand in die Militärzone eindringt, es ist nicht ganz erlaubt, da in dieses Waldgebiet einfach reinzugehen. Keiner hat dort was zu suchen, so meinen die Militärs. Wir pfeifen darauf. Wenn wir die Soldaten sehen, dann müssen wir uns verstecken oder schnell weglaufen, sonst gibt es Ärger. Eines Tages hatte Tante Tina ihr Fahrrad hinter einem Busch versteckt, denn von dort aus konnten wir nicht weiterfahren. Das Militär hatte einen Tag davor sein Manöver in diesem Gebiet mit Panzern gemacht, so war alles ganz matschig. Aber als wir zurück kamen, war das Rad nicht mehr da und ein großer Baum, wo Tante Tina Ihr Fahrrad angekettet hatte auch nicht. Er war abgesägt und die Diebe hatten das Rad einfach mitgenommen. Dadurch hatten die Diebe einen sehr großen Baum für tot erklärt. Meine Chefin schimpfte wie noch nie und ich musste lachen, als ich dem Baum sah. Wer könnte das gewesen sein? Keine Ahnung, aber das Fahrrad war weg. Pech gehabt, Tante Tina, wie kannst du so blöd sein, dachte ich. Ja, selber schuld. Der Wald war an dem Tag total matschig und ich, der arme Hund Benny, musste meine schönen Pfoten schmutzig machen, wie ein Wildschwein. Aber die Dame neben mir hatte Gummistiefel an und schrie mich an.

„Komm, Großvater, beweg dich. Mein Gott, wie lahm du geworden bist ... ! Gleich kommt der Militärkommandant und ich werde dich bei dem abgeben. Ob die dich nehmen wollen, das ist die Frage. Ich glaube nicht, dass du ein geborener Soldat bist. Eher ein Dienstmädchen, schau, wie du läufst, hast du Angst deine Pfötchen schmutzig zu machen? Mein Gott, Benny, du bist vielleicht ein Schoßhund geworden. Dein Kontakt zu deinem Freund aus Siegen, zu dem Lino, der hat dir gar nicht gut getan. Irgendwann bringst du auch einen Freund zu uns nachhause. Ja, Flora müsste das sehen, sie würde dir sofort eins auf deinen Hintern verpassen, du wirst jeden Tag langsamer. Zeit, dass du mit meiner Freundin aus Berlin zum Joggen gehst, sie wird dich richtig an den Ohren ziehen. Komm, beweg dich und mach nicht überall dein Geschäft, denkst du, dass die ganze Welt deine Privattoilette ist? Die US-Army wird sich freuen über deine Haufen zu laufen. Die hat sowieso nichts anderes im Kopf als einen Haufen Mist. Die Soldaten trainieren für einen eventuellen Krieg. Deswegen spielen die wie Kinder Krieg, hier bei uns, die haben gar nichts anderes zu tun, als daran zu denken und damit zu spielen. Die lernen, wie man einen Menschen erschlagen kann. Insofern fahren die immer hier bei uns im Wald herum, mit diesem Panzer und machen

dadurch alles kaputt. Wir müssen alles stillschweigend sehen und ertragen."
Und so sprach und schimpfte Tante Tina weiter. Sie war nicht so begeistert von den Militärs, die bei uns waren. Wir hörten, da wo wir wohnen, oft und ganz deutlich wie die stundenlang schossen. Eines Tages waren wir wieder dort im Wald, plötzlich kamen uns aus einem Busch etwa zehn Soldaten entgegen und wir erschraken. Die waren alle camoufliert, mit dunklen Gesichtern, die waren total schmutzig und sahen nicht so attraktiv aus. Bestimmt gab es da unter den gut trainierten Männern den einen oder anderen, der ein guter Typ für Tante Tina gewesen wäre. Aber wie die im Moment aussahen, da würde meine Chefin mit keinem was anfangen. Die Tante lebt seit ihrer Trennung von Bernd allein, ja, wir leben zu dritt und sind sehr glücklich. Was mich verdammt stört, ist dass ich nicht mit meiner lieben Eva in einem Bett schlafen darf. Als ich klein war, konnte ich das, und warum jetzt nicht mehr, frage ich mich. Ich bin doch ein süßer Hund. Aber jetzt bin ich groß, ganz groß sogar, vielleicht darf ich deswegen nicht mehr in Evas Bett schlafen. Schade drum … Wenn Eva nicht da ist, dann gehe ich heimlich hin und schlafe einige Stunden in ihrem Bett, bis diese Tussi frühmorgens kommt und mich mit Gewalt aus dem Bett wegjagt. Eva hat gar nichts dagegen, sie ist sehr gut zu mir, diese hübsche Blondine, also, ich weiß nicht, ob sie eine Blondine ist oder was … Die Frauen heutzutage sehen jeden Tag anders aus. Um genau zu wissen, ob eine blond oder dunkelhaarig ist, muss man schon da unten schauen, wo die Naturfarbe noch geblieben ist, um zu wissen was für eine Farbe Gott den Weibern gegeben hat. Da unten, in dem Intimbereich, färben die Frauen ihre Haare noch nicht, denke ich. Ich muss einmal in die Sauna mitgehen, um es genau zu wissen. Hunde

dürfen nicht in die Sauna, Hunde dürfen nicht mal in die Kirche. Dabei sind wir auch Gotteskinder, Gottestiere, oder? Was soll ich in der Kirche machen? Dann lieber zu dieser Zeugen Jehovas Versammlung, wo die Oma immer hingeht, da zumindest bekommt man was zu essen und zum Trinken. Die sind dort ganz nett und versprechen uns das Paradies, die Politiker versprechen uns auch sowas, dazu noch die soziale Absicherung, Arbeit, bessere Steuerklassen und Altersversorgung. Aber wir bekommen alles nie zu sehen. Lauter Schwindler. Den Gregor Gysi von der Partei Die Linke, mit seinem "Nette-Buben-Gesicht", finde ich ganz toll. Den Oscar Lafontaine, seinen Onkel aus Saarbrücken, finde ich auch ganz in Ordnung, sein Sohn Patrick ist auch ein toller Junge, mit dem haben wir schon telefoniert. Wird er auch Politiker wie der Vater? Abwarten. Ganz nette Leute, schade, dass unser Freund Oscar mit einem Messer eines Tages in Freiburg angegriffen wurde, das hat schon fast sein Leben gekostet. Ja, der Schäuble hatte auch einen Unfall und der Arme sitzt jetzt für immer im Rollstuhl. Ja, das ist nicht so schlimm, sagt Tante Tina, der hat dann immer seinen eigenen Stuhl dabei und muss keinen Platz im Zug, oder im Theater reservieren. Diese Bemerkung von Tante Tina finde ich gar nicht gut. Wir mögen ihn auch und er hat schon vieles für unser Vaterland getan. Und was tun diese Soldaten hier, in unserem Wald für das Vaterland? Die üben nur schon lange hier bei uns. Sogar Adolf Hitler war vor Jahrzehnten hier in unserem Wald versteckt.

Tante Tina wohnt sogar in einer ehemaligen Naziwohnung. Deswegen ist es bei uns immer so kalt im Winter, es wurde damals alles sehr improvisiert gebaut, das ist das Pech von unserer Pianistin, die immer friert und klagt über die schlecht isolierte Wohnung. Die Soldaten üben jeden Tag, wie man Krieg macht, wenn es dann einen gibt, wollen die

nicht mehr hin. Krieg, das gibt es Gott sei Dank immer woanders und nicht hier bei uns im Wald. Ist das nicht komisch? Ja, warum machen die Amerikaner Krieg woanders und nicht in ihrem eigenen Land? Das ist sehr praktisch, nicht wahr? Die Soldaten üben hier, aber die deutschen Waffen, die werden woanders verkauft, damit unsere eigenen Brüder und Schwestern sich töten können. Hinterher gibt es solche Friedensparolen ohne Ende. Eben, ohne Krieg macht man keine Geschäfte mit Waffen, deswegen muss es immer Krieg geben und oft werden solche Kriege im Voraus manipuliert, sowas erzählt mir der hochgebildete Prof. Heinrich von Münster, der manchmal zu uns kommt und alles wegfrisst. Wir haben ihn schon lange nicht mehr gesehen. Vielleicht bekommt er woanders was zum Essen und muss nicht mehr zu uns kommen. Ich weiß nicht, ob er in Tante Tina verliebt war. Ach ..., es reicht schon dieser Lothar, der immer hinter Tante Tina ist. Sie hat ihm schon ein paar Mal einen Korb gegeben, aber er versteht das nicht. Ich muss ihm einmal richtig in die Eier beißen, dann käme er nicht mehr zu uns und müsste seine Eier woanders kochen lassen. Wie ich schon gesagt habe, die Amis haben uns schon einmal hier im Wald erwischt. Mann, da haben wir uns erschreckt. Stellt euch vor, ihr lauft im Wald, wo schon ein paar Frauen vergewaltigt worden sind. Plötzlich stehen vor dir einige Soldaten und die sehen aus wie von einem anderen Planeten, die schrien uns an.
„Was machen Sie hier, und was hat dieser blöde Schnauzer hier im Militärgelände zu suchen?"
„Ich wohne hier, Sir.", antwortete Tante Tina verärgert. Der Offizier schaute uns genau an, und Tante Tina fragte den Herrn aus Provokation gründlich aus.
„Und Sie? Was haben Sie hier zu suchen? Hier wohnen wir

und werden hier bleiben, machen Sie, dass Sie wegkommen. Sonst gibt es noch einen Militärprozess gegen Sie."
So sprach Tante Tina zu dem Offizier. Ich konnte es nicht fassen, so kannte ich sie nicht, sie war plötzlich genau wie eine Amazonas-Frau in dem Münsterländer Urwald. Ich dachte mir, es wird Ärger geben, sowas darf man nicht zu einem Offizier sagen, das könnte uns hinter Gitter bringen.
„Was? Warum wohnen Sie hier? Das ist hier kein Wohngebiet, wie kommt es, dass Sie hier wohnen?"
„Ich bin die Tochter von Tarzan und dieser da ist unser Privataffe, das ist die Chita. Kennen sie nicht? Die Soldaten haben gelacht und der Offizier hätte uns umbringen können. Tante Tina fuhr fort: Bildungslücke, mein Herr. Er sieht aus wie ein Hund aber ist doch ein Affe, Tarzanaffe, haben Sie nie was von Chita gehört? Das ist sie, die Chita von Tarzan. Sie können ihn verhaften, aber mich müssen sie schon freilassen, ich muss für meine Tochter kochen. Sie kommt jetzt von der Schule nachhause und wenn sie nichts auf dem Teller zu essen bekommt, dann werden Sie mit meiner Tochter schon was zu tun bekommen. Also, ich kann nicht garantieren, ob Sie wie ein Kind hier im Wald weiter Krieg spielen dürfen. Eben weil ihr Vater hier der Mafia-Boss ist, würde ich nicht raten mich noch länger aufzuhalten. Spaghetti muss ich heute kochen, Herr Kommandant, wenn sie wollen, kommen Sie zu uns zum Essen vorbei."
„Es darf nicht wahr sein, dass Sie hier wohnen! Das ist verboten."
„Verboten? Wer verbietet das? Meine Vorfahren leben hier seit Jahrhunderten. Wir brauchen hier kein Militär und keine Panzer, die auf unserem Weg alles kaputt machen. Unsere Vögel haben keine Ruhe mehr, die erschrecken sich immer wieder, wenn Sie da kommen ... Machen Sie, dass Sie mit

Ihren Balla-Balla-Soldaten wegkommen. Sonst rufe ich meinen besten Freund, den Verteidigungsminister an und Sie werden schon sehen, was für einen Einfluss ich in Berlin habe. Ich kann euren Chef auch anrufen, diesen Putin aus Russland, der wird Ihnen schon was in die Ohren blasen."
„Wir haben mit dem Putin gar nichts zu tun."
„Das denken Sie. Ihre Bleisoldaten machen sich gleich in die Hose, wenn die was von ihm hören, das ist wahr. Jetzt Platz hier, sonst knallt es, machen Sie, dass Ihre Soldaten wegkommen und zwar sofort, ich bin die Chefin hier am Ende der Welt. Wie ich schon sagte, ich bin die Enkelin von Tarzan und dieses Gebiet gehört uns. Sie haben hier gar nicht zu tun oder zu suchen. Auf Wiedersehen, meine Herren. Laufen Sie uns nicht nach, sonst hole ich meine Leute. Nicht vergessen, nachher unter die Dusche zu gehen, so wie Sie jetzt aussehen, sind Sie nicht salonfähig. Passen Sie gut auf sie auf, Herr Kommandant. Machen Sie nicht zu viel Lärm hier. Abmarsch und abtreten! Befehl erteilt. Basta!"
Ich konnte nicht fassen, dass Tante Tina so mit einem Kommandeur gesprochen hatte. Ich dachte mir, jetzt landen wir wirklich im Gefängnis. Der Mann wusste nicht mehr, was er sagen sollte. Der hatte vielleicht wirklich geglaubt, dass Tante Tina eine gute Freundin von dem Verteidigungsminister wäre. Mir ging es schlecht, ich sah schon, wie ich meine Jugendzeit hinter Gittern verbringen würde. Na ja, dann ging noch alles gut. Dieses Mal ging alles gut. Zum Glück hat der Förster, der die Chefin sehr gut leiden konnte, einige Wochen später einen Passsierschein für uns besorgt, damit wir so überall im Wald laufen durften, ohne gestört zu werden.
Während dieser großen Diskussion habe ich nur an die Spaghetti gedacht, von welchen Tante Tina gesprochen hatte. Wir gingen nachhause und es gab später wirklich

Spaghetti auf dem Tisch. Auf dem Tisch? Sorry, für mich auf dem Boden, ich habe gegessen, bis ich nicht mehr konnte. Es war alles ok in meinem schönen Leben. Der Offizier tat gegen uns gar nichts und ich konnte in Frieden mein Mittagsschläfchen machen. Wozu Krieg, wenn man in Frieden schlafen kann?

„Handorfer See"   Acryl 60x80 cm   © D. Braz

XIX *Der Jakobsweg*

Wie ich schon sagte, neben unserem Haus im Wald verlief dieser Jakobsweg. Ja, diese Leute die nichts zu tun haben in ihrem Leben, die nicht mit dem Auto einen Ausflug machen wollen, die laufen bei uns alle vorbei. Ja, diese Gläubigen laufen überall rum und denken, dass die damit irgendwas Gutes für die Umwelt machen. Es ist manchmal bestimmt langweilig kilometerlang zu laufen, vor allem, wenn jemand bis Spanien zu Fuß kommen will. Eben bis Santiago de Compostela, zu Fuß, das liegt sehr weit weg und nicht bei uns vor der Tür. Manche haben sich schon die Füße kaputt gemacht, als sie nicht mal die Hälfte des Weges geschafft hatten. Man müsste für diese armen Seelen was anbieten. Hunger haben die bestimmt gehabt, sobald die bei uns vorbei kamen. Etwas zum Trinken wäre auch angebracht gewesen, denn die nehmen sowieso nicht zu viel mit sich, jedes Gewicht muss bedacht und gespart werden. Warum nicht dort, wo die sowieso jeden Tag laufen, warum nicht dort was anbieten? Bratwurst zum Beispiel? Ich meine dort, mitten auf dem Jakobsweg, sollte man da nicht eine Bratwurstbude eröffnen?
Tante Tina hätte bestimmt das Geld gut gebrauchen können und Eva hätte dann so viele Bratwürste essen können wie sie gern hätte, sie ist sowieso ein Fan von Bratwurst, ich auch. Bestimmt hätten wir sehr viel Kohle machen können. Warum nicht? Aber wie konnte ich meine Chefin davon überzeugen? Für einen Hund sind solche Ideen nicht so leicht den Menschen beizubringen. Wir können nur bellen, sonst nichts. Mein Bellen verstehen sogar meine Kumpel nicht mal richtig, ich spreche "Hoch-Bellen" und die sprechen nur "Dialekt-Bellen". Schwer, nicht wahr?

Als wir von unserem Spaziergang kamen, rief jemand bei Tante Tina an. Das war bestimmt Stephan, dachte ich mir, er konnte uns nicht in Ruhe lassen. Ich habe von weitem gehört, wie die beiden sich fröhlich unterhalten haben. Lothar sprach irgendwas von einem Fest, sowas von einer Grillparty. Perfekt, dachte ich mir, wenn die hier bei uns grillen, dann kann ich schon eine Möglichkeit finden, die zu überzeugen Bratwurst am Jakobsweg zu verkaufen. Und so sprach Tante Tina.
„Ok, Lothar, dann machen wir das bei mir, hier haben wir mehr Platz und wir dürfen so laut sein wie wir wollen. Abgemacht?"
Mensch Meier, das war die Gelegenheit! Am Sonntag sollte das Wetter noch schöner werden und nichts wie hin mit unserer Bratwurstbude auf den Jakobsweg.
Also, der Sonntag war gekommen und ich freute mich auf diese Grillparty bei uns. Welcher Hund freut sich nicht auf ein Grillfest? Ich kenne keinen Hund, der Vegetarier ist. Am Sonntag, so gegen zehn Uhr, kamen Freunde zu uns. Der Grill wurde angezündet und gegen elf Uhr gab es schon einen tollen Geruch in der Luft. Dieser Geruch war bestimmt bis zum Jakobsweg zu merken. Aber wie konnte ich meine Chefin überzeugen von meiner tollen Geschäftsidee. Eine Möglichkeit wäre, ein paar Bratwürste zu klauen und sie sollte mir hinterher laufen, dann könnte ich ihr vielleicht zeigen, was ich vorhatte. Eben, und so wartete ich bis ein paar Bratwürste fertig waren, die wurden auf den Tisch gestellt, auf eine tolle versilberte Platte. Meine Chefin machte es so, damit die Gäste zusammen sitzen konnten und nicht immer wieder aufstehen mussten, um was Neues zu holen. Tante Tina schrie dann.
"Alle bitte zum Tisch, Bratwurst ist fertig."
Als sie nicht ganz genau aufpasste, da schnappte ich mir mit

meinem riesigen Maul ungefähr zehn Bratwürste und rannte weg, die Chefin mir hinterher. Die anderen Bratwürste flogen alle auf den Boden.

„Dieb, Dieb. Schau, Benny hat fast alle Bratwürste geklaut und geht einfach weg. Wir müssen ihm hinterher laufen."

Und so waren alle Gäste plötzlich hinter mir her. Ich erreichte sehr schnell den Jakobsweg, da waren schon viele Leute unterwegs. Der Geruch von Bratwurst hatte noch mehr Leute hingezogen zu mir. Und da kam Tante Tina und legte los, wie immer, sie versuchte mich vor diesen Leuten fertig zu machen.

„Du Trottel, du Idiot, du Bastard, du verdammter Köter, du Gigolo, du Mafiaboss, du bist der Allerletzte auf diesem Planeten, dir kann man nicht mehr trauen. Jetzt ist unsere Bratwurstparty hin, du hast fast all unsere Bratwürste geklaut. Du kommst noch ins Gefängnis, ja, mit Bernd zusammen, ihr beide in eine Zelle. Ohne Fernseher, so ist das! Das war das Allerletzte, was du mit uns machen konntest, jetzt haben wir kein Essen mehr. Bleibt nur das trockene Brötchen zum Essen. Das kannst du allein fressen."

Lothar, der immer zu mir hielt, sagte mit seiner Lufthansa-Stewardess-Stimme.

„Das ist nicht schlimm Tina, ich kann mehr Bratwurst holen, ich habe noch mehr zuhause. Es ist schon passiert, jetzt können wir nichts machen. Benny hat keine Schuld, vielleicht will er den Leuten die Wurst schenken."

„Nicht schenken, du Idiot!", dachte ich mir. Verkaufen sollten wir, schau, wie die Leute jetzt gucken, denen ist das Wasser im Mund zusammengelaufen. Ja, in dem Moment kam eine Frau zu uns und fragte.

„Entschuldigen Sie, wo gibt es hier Bratwurst zu kaufen, ich sehe, sie haben jede Menge bei sich, sind die zu verkaufen oder sind sie nur Privatbesitz?"

Als die anderen Pilger das hörten, da kamen alle zu uns und fragten dasselbe. Gleich hatten wir eine Traube von mindestens 50 Menschen um uns herum. Das waren Menschen, die sehr hungrig waren und alle wollten nur eins: Die wollten unsere Bratwurst kaufen.

„Haben Sie Bratwurst zu verkaufen?", fragten die Pilger ungeduldig.

„Nein, tut uns sehr leid", antwortete Tante Tina. So ein Jammer, wir haben keine einzige zu verkaufen."

„Wir würden gern welche kaufen."

„Nein, die sind nicht zu verkaufen, unser Hund hat sie geklaut. Aber wenn Sie in einer Stunde zu uns kommen, dann können wir Ihnen Bratwurst anbieten. Wir wohnen circa 500 Meter von hier."

„Ja, wir kommen dann. Wir kommen in einer Stunde zu Ihnen nachhause."

Als die Leute das hörten, gab es schon ein Gedränge und viele Bestellungen.

„Hier, bitte, wir wollen auch welche haben, reservieren Sie bitte auch für uns. Fünf Stück für uns, meine Kinder haben auch Hunger."

„Und für uns bitte 20 Stück, wir haben einen Kirchenchor dabei."

So ging es los, alle wollten Bratwurst von uns haben, das Mordsgeschäft hatte begonnen.

„Lothar, so blöd ist Benny auch nicht, schau mal, die Leute sind wild auf unsere Bratwürste", sagte Tante Tina und lachte fröhlich dabei.

„Ok Tina, ich fahre zum Bahnhof und hole 20 Kilo Bratwurst und wir werden alles an diese Leute verkaufen. Macht viel Feuer, wir tun schon den Rest drauf zum Braten."

„Dann beeil dich, in einer Stunde werden die Leute kommen, wir brauchen auch Brötchen, heute sind ein paar Bäckereien geöffnet."

„Ok, ich komme gleich, wir werden Mordsgeschäfte machen. Wir haben alles nur Benny, diesem Genie, zu verdanken."
Und so war es auch, plötzlich waren circa 100 Leute vor unserem Haus, die alle Bratwurst haben wollten und wir konnten nicht alle zufriedenstellen. Gegen Abend hatte Tante Tina die Kasse voll und wir aßen Bananen, weil wir keine Bratwurst mehr sehen konnten.

„Tina, heute war nicht mal ein Zehntel von den Pilgern unterwegs. Nächste Woche ist der 1. Mai, dann werden die Leute zu uns strömen. Wir könnten mindestens 100 Kilo Bratwurst verkaufen."

„Ja, warum nicht? Dann machen wir einen Bratwurststand auf, direkt dort, wo der Jakobsweg ist. Ab zehn Uhr könnten wir schon Bratwurst anbieten und es wird ein Knaller sein. Wir werden reich, wir werden die Bratwurstkönige hier im Wald sein. Jetzt weiß ich, ich wollte sowieso nie Vegetarier werden. Meine Mutter hat recht gehabt. Ich bin doch kein Körnerfresser."

Und so war es! Am nächsten Sonntag, den 1. Mai, pünktlich um neun Uhr, zündeten wir unser Feuer an und legten ein paar Bratwürste hin, um neun Uhr wollte bestimmt noch kein Mensch Bratwurst zum Frühstück haben, aber das musste so sein, die Pilger müssten von dem Geruch fasziniert sein und sobald die ein bisschen Hunger hätten, würden die schon zu uns strömen. Und genauso war es auch. Der Nachfrage konnten wir kaum entsprechen.

Und so ging es:

„Hier, zwei für mich. Bitte, hier bitte sechs Stück, bitte mit Mayo."

Das war eine 1. Mai Party mitten im Wald, an dem Jakobsweg. Der Heilige hatte diese tolle Idee damals nicht gehabt, sonst wäre eine Bratwurstbude hinter der anderen im Laufe des Jakobswegs bis Spanien entstanden. Wir hatten eine Marktlücke entdeckt und sollten der entsprechen. Bis fünf Uhr nachmittags hatten wir fast die ganzen hundert Kilo Bratwurst verkauft. Also, dann kam die Polizei zu uns, mitten ins Waldgebiet, klar, nicht zu Fuß, weil Polizisten können heutzutage nicht mehr laufen, die kommen schon auf die Welt mit dem Rollstuhl. Ja, mit dem Auto sind die gekommen.

„Und was haben Autos da in unserem Wald zu suchen?", fragten wir entsetzt. Bratwurst haben wir keine mehr. Ja, mit dem Auto in ein Naturgebiet. Wir sind angezeigt worden, bestimmt hatte uns irgendein Vegetarier angezeigt. Das war bestimmt dieser verdammte Brasilianer, der uns nicht riechen konnte. Aber das Geld war schon in der Tasche, wir konnten alles dann einpacken.

„Guten Tag, wir sind alarmiert worden. Sie verkaufen hier Bratwurst und machen außerdem offenes Feuer in einem Militärschutzgebiet. In einem Naturschutzgebiet! Haben Sie dafür eine Erlaubnis?"

„Wozu? Wir machen hier nur eine private Party, wir wohnen hier. Wir haben eine Grillparty veranstaltet, unser Freund Lothar will endlich seinen Freund heiraten. Wissen Sie? Der ist nämlich schwul."

„Party, ok! Das dürfen Sie machen. Aber nicht hier, nun, Sie sind angezeigt worden und die Person würde gegen Sie aussagen. Hier dürfen Sie keine Bratwurst verkaufen und auch kein Feuer machen. Das ist verboten, streng verboten. Hören Sie, 200 Meter von hier ist ein großes Munitionslager. Wenn Feuer ausbricht, dann haben wir eine gewaltige Feuerwerks-Party und nicht nur eine Bratwurst-Party hier im Wald. Das wäre das Ende unserer schönen Stadt Münster. Ein Feuer, das kein Mensch mehr löschen könnte. Ist Ihnen das klar? Haben Sie verstanden? Ausweise bitte, Sie bekommen von uns eine Anzeige und Sie müssen auch zu unserem Polizei-Revier mitkommen. Es ist schon kriminell, was Sie gemacht haben."

Die Polizisten haben die Dokumente von Tante Tina und von Stephan genommen und wir mussten in den Polizeiwagen einsteigen. Ich war auch dabei. Klar! Ich würde niemals meine Chefin in Stich lassen. Lothar würde bei so einem Vorfall bestimmt abhauen und Tante Tina in Stich lassen. Ich kenne solche Typen wie ihn. Nach mir die Sintflut.

Ja, dann waren wir bei der Polizei im Revier, es wurde alles protokolliert und wir mussten zu Fuß nach hause laufen, am späten Abend noch alles dort im Wald mit der Taschenlampe aufräumen. Das Glück mit der Bratwurst war zu kurz, die Würste waren nicht lang genug für weitere Parties. Tante Tina bekam dann ein saftiges Bußgeld und Lothar auch. Unsere Würste hatten endlich mal ein Ende bekommen, sonst, wie bekannt, haben die immer zwei.

Mit Sicherheit, wenn wir das weiter treiben gekonnt hätten, wären wir in ein paar Jahren sehr reich geworden. Bratwurst und Eis in Sommer bringen Kohle ohne Ende.

Und so war unser Abenteuer am Jakobsweg, sogar der Bischof hatte unsere Bratwurst gegessen. Seine Nichte war sowieso oft bei uns zu Besuch. Aber der konnte keine Erlaubnis für uns beschaffen, höchstens hätten wir vor dem Dom-Platz Bratwurst verkaufen dürfen. Nun, das ist schon eine andere Geschichte. Da, vor dem Münsteraner Dom würde der Verkauf von Kondomen bestimmt besser gehen als der Verkauf von Bratwurst.

Kaum hatten wir angefangen und schon waren wir wieder arbeitslos. So ist es hier in unserem Land. Wir sind angezeigt worden, das macht unser deutsches Volk sehr gern. Man

kann keine neue Idee lange haben, dann kommt immer jemand, um sie zu stoppen und zu sagen:
„Das ist verboten!"
Keine neue Idee darf man in die Praxis bringen, ohne dass jemand schon schreit. „Das ist verboten." Das verhindert nur die Fortschritte unseres Wirtschaftssystems. Ich werde einen Brief an die Bundesregierung in Berlin schreiben. Ich habe dort gute Freunde, ich werde mich schon beschweren und mein Brief wird ungefähr so sein.
Liebe Tante Angela Merkel.
Wir bitten Sie höflich unsere Bratwurst-Bude am Jakobsweg am Handorfer-See bei Münster "freizusprechen" und eine Genehmigung zu erteilen. Dabei laden wir Sie herzlich ein zu einer Kostprobe, falls Sie Vegetarierin sind, dann haben wir Bratwurst aus Cellulose für Sie. Mit der Hoffnung, unsere Bratwurst initiativ am Jakobsweg weiter verkaufen zu dürfen, verbleiben wir mit großer Dankbarkeit und Verbundenheit.
P.s.: Hier noch was: Wenn Sie für Bratwurst kein Verständnis haben, möge Gott bei der nächsten Wahl nicht mehr zulassen, dass Sie wiedergewählt werden.
Unser Volk weiß, was gut ist! Und das Volk braucht Bratwurst. Vor allem im Münsterland, beim Jakobsweg. Wer Hunger hat, der will essen und wir sind da, um den Menschen zu dienen und sie zu sättigen.
Deswegen, es lebe die Bratwurst. Freiheit für Benny und Tante Tina.
Mit Hochachtung und zu Ihren Diensten!

Dr. Onkel Benny
Der Geschäftsführer,
bzw. der Geschäftsfutterer der
Jakobsweg Bratwurst GmbH

XX *Epilog*
Tante Tina meldet sich zu Wort

Genau wie die Bratwurst
Hat diese Geschichte auch ein Ende!
Hier kommen wir dann auch zum Schluss
Benny nimmt seinen Abschied
Und schläft weiter und weiter.

Kinder, seid brav,
Sonst kommt,
Der Onkel Benny zu euch
Und veranstaltet einen riesigen Krach!

Ich bin die Tante Tina
Und sage euch jetzt zum letzten Mal!
Dieser Hund frisst uns arm,
Aber wir füttern ihn gern.

Er muss schon dick werden,
Sonst besteht er seine Prüfung
Bei der Seifenfabrik nicht.
Und wenn das passiert,
Dann müssen wir diesen Stinker
Ewig bei uns behalten.

Es ist schon in Ordnung
Dass er viel zu viel frisst,
Wir lieben ihn so sehr und sind froh
Dass es Benny gibt !!!

Der ist so zart
Wie die Milka-Schokolade-Kuh
Und so bitter, wie das Leben selbst ist.
Benny lebt gern bei uns
Und wir sind gern bei ihm.

Wir sind schon ein Team
Benny kann manchmal
Richtig stinken
Und wir können
Mit ihm richtig schimpfen.
Sonst ist alles in Ordnung.

Ja, DER TUT NIX! Wirklich nix ...
Außer fressen, bellen und schlafen,
Ja, der tut gar nix...
Wir lieben Benny
Wie unser eigenes Kind.

XXI Schlusswort

An alle Hunde der Welt, die auf den Straßen geboren sind und in den Winternächten vor Kälte bellen müssen, weil sie hungrig sind und nicht schlafen können. An alle diese armen Wesen, die auf den Straßen täglich weggejagt werden, genau wie die Straßenkinder dort in Brasilien und in anderen armen Ländern unseres Planeten. Unsere Gedanken werden immer bei euch sein.
Wir beten für euch.
Benny hat Glück gehabt, der ist bei Tante Tina und Eva, der Pferde-Prinzessin von Handorf, sehr gut aufgehoben, der führt sein Paschaleben, wie in einem Paradies.
Nicht jeder ist als König geboren, nicht jede kann eine Prinzessin sein. Aber die Kunst des Lebens besteht darin, sich immer wie ein König fühlen zu können. Wir sollten nicht leben wie ein Bettler, und wegen jeder Kleinigkeit ständig klagen. Nimm dein Schicksal und dein Leben in deine eigenen Hände, so wie es ist, und so wie es kommt. Um ein Hundeleben zu führen, muss man nicht als Hund auf dieser Welt geboren zu sein.
Es liegt nur an uns selbst, unser Leben so zu gestalten und in Frieden wie Gottes Kind leben zu können. Das Glück und Unglück holen wir uns selbst ins Haus. Dazu brauchen wir weder die Hilfe des Teufels noch den Segen Gottes. In unseren Händen liegt die Entscheidung dafür, selbstverständlich auch die Verantwortung, die uns vorantreibt.

Euer Benny

The End

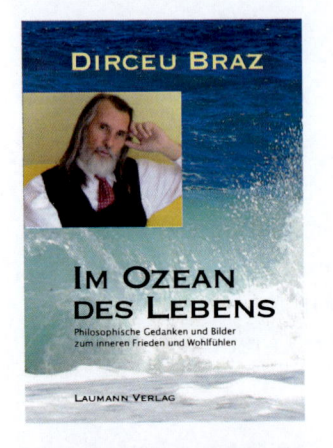

Dirceu Braz
Im Ozean des Lebens
Philosophische Gedanken
und Bilder zum inneren
Frieden und Wohlfühlen

Gebundener Umschlag
208 Seiten,
mit 100 farbigen
Abbildungen
ISBN 978-3-89960-334-7
Laumann Verlag

Dirceu Braz & Conny Zahor
**Engel der Vergebung
und des Friedens**
Die Wiederentdeckung
meiner Seele in einem
verlorenen Ich

Gebundener Umschlag
208 Seiten,
ISBN 978-3-89960-339-2
Laumann Verlag

Dirceu Braz
und Conny Zahor
Der Regenbogen des Daseins
Fotografie von Dominik Braz

Paperback
208 Seiten,
mit zahlreichen
s/w Abbildungen
aus Argentinien
ISBN 978-3-89960-342-2
Laumann Verlag